ON TYRANNY

폭정

ON TYRANNY: TWENTY LESSONS FROM THE TWENTIETH CENTURY
by TIMOTHY SNYDER

Korean edition published by arrangement with Creative Artists Agency
through EYA Co., Ltd.

일러두기

• 모든 각주는 옮긴이주다.

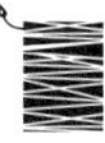

이 책은 실로 꿰매어 제본하는 정통적인 사철 방식으로 만들어졌습니다.
사철 방식으로 제본된 책은 오랫동안 보관해도 손상되지 않습니다.

폭정

20세기의 스무 가지 교훈

티머시 스나이더
조행복 옮김

정치에서는
속았다는 것이
핑계가
되지 않는다.

— 레셰크 코와코프스키

차례

머리말

역사와 폭정

역사는 되풀이되지 않지만, 가르침을 준다. 미국의 헌법 제정자들은 헌법을 논의하면서 그들이 알고 있던 역사의 교훈을 따랐다. 자신들이 구상한 민주 공화국이 무너질 수 있음을 염려하면서, 이들은 고대 민주정과 공화정이 어떻게 과두제와 제국으로 변질되어 갔는지를 세심하게 살폈다. 그들이 알고 있었듯이, 아리스토텔레스는 불평등이 불안정을 초래한다고 경고했고, 반면 플라톤은 선동가들이 표현의 자유를 부당하게 이용하여 폭군의 지위에 올랐다고 믿었다. 법의 토대 위에 민주 공화국을 세우고 견제와 균형의 체제를 수립하면서, 헌법 제정자들은 고대의 철학자들을 따라 자신들이 〈폭정tyranny〉이라 이른 악폐를 피하려 애썼다. 그들은 한 개인이나 집단의 권력 강탈, 또는 사익을 추구하는 지배자의 탈법을 염두에 두었다. 이후 미국에서 이어진 정치적 논쟁은 대부분 미국 사회 내부에서 벌어지는 폭정에 관한 문제, 예컨대 노예와 여성에 관한 것이었다.

정치 질서가 위태로울 때 역사를 되돌아보는 건 서구의 오랜 전통이다. 오늘날 미국이 폭정의 위험에 처해 있다고 우려한다면, 우리는 헌법 제정자들이 보인 모범에 따라 다른 민주주의와 공화국의 역사를 살펴볼 수 있다. 좋은 소식은 고대 그리스와 로마보다 우리가 더 최근의, 더 적절한 사례들을 참조할 수 있다는 것이다. 나쁜 소식은 현대 민주주의의 역사 또한 쇠퇴와 몰락의 역사라는 것이다. 아메리카의 식민지들이 영국 왕정으로부터 독립하겠다고 선언한 이래(미국의 헌법 제정자들은 영국 왕정을 〈압제적〉이라고 여겼다), 유럽의 역사는 민주주의에 있어서 중대한 세 번의 결정적인 시기를 경험했다. 1918년 제1차 세계 대전 이후, 1945년 제2차 세계 대전 이후, 그리고 1989년 공산주의의 종말 이후. 이 결정적인 시기들에 수립된 많은 민주주의 체제가 실패로 끝나고 말았는데, 당시의 상황은 몇 가지 중요한 측면에서 오늘날 우리가 처해 있는 상황과 너무나 닮아 있다.

역사는 낯익은 모습을 드러내며 경고를 보내기도 한다. 19세기 말에 세계 무역의 팽창은, 20세기 말에 그랬듯이, 세상이 진보하리라는 기대를 낳았다. 그러나 20세기 초에 이러한 기대는, 21세기 초에 그러하듯이, 한 명의 지도자, 하나의 당이 국민의 의지를 직접적으로 대변한다고 주장하며 새롭게 등장한 대중 정치 세력들의 도전에 직면했다. 1920년대와 1930년대를 거치면서 유럽의 민주주의 체제들은 우파 권위주의와 파시즘에 자리를 내주고 무너져 내렸다. 1922년에 수립된 소련 공산 정권은 1940년대에 유럽으로 자신의 모델을 전파했다. 20세기 유럽사는 사회가 분열될 수 있고, 민주주의 체제가 무너질 수 있고, 도덕이 땅에 떨어질 수 있고, 평범한 보통 사람들이 손에 총을 그러쥔 채 죽음의 구덩이 위에 서 있을 수 있음을 보여 준다. 그 이유를 알 수 있다면 오늘날 우리에게 많은 도움이 될 것이다.

파시즘과 공산주의는 둘 다 세계화에 대한 응답이었다. 세계화가 낳은 실질적이고도 피부로 느껴지는 불평등에 대한, 그리고 이에 대처하지 못하는 민주주의의 너무나도 분명한 무력함에 대한 응답이었다. 파시스트들은 의지의 이름으로 이성을 거부했다. 그들은 국민을 대변한다고 주장하는 지도자들이 내세운 영광의 신화에 열광하며 객관적 진실을 부정했다. 그들은 세계화에 맞서, 세계화가 만들어 내는 복잡한 문제들이 국가에 대한 음모의 결과라고 주장했다. 파시스트들이 지배한 기간은 불과 일이십 년에 지나지 않았다. 하지만 그들의 지적 유산은 온전히 살아남아 오늘날 그 세력을 더욱 키우고 있다. 공산주의자들의 지배는 더 길었다. 소련에서는 70년 가까이, 동유럽의 많은 지역에서는 40년 넘게 이어졌다. 공산주의자들은 이성을 독점한 규율 잡힌 당 엘리트의 통치를 제시하며, 이른바 불변의 역사 법칙에 따라 이들이 사회를 확실한 미래로 이끌 것이라고 장담했다.

우리는 민주주의의 유산이 자동적으로 우리를 그러한 위협으로부터 지켜 줄 거라고 생각하기 쉽다. 잘못된 생각이다. 오랜 전통에 따라, 우리는 역사를 연구하여 폭정의 뿌리 깊은 근원을 이해한 다음 여기에 적절하게 대처할 방법을 심사숙고해야 한다. 우리는 20세기에 민주주의가 파시즘과 나치즘, 공산주의에 굴복하는 것을 보았던 유럽인들보다 결코 더 현명하지 않다. 우리에게 한 가지 이점이 있다면 그들의 경험에서 배울 수 있다는 것이다. 지금이 바로 그래야 할 때이다.

이 책은 20세기로부터 얻은 스무 가지 교훈을 지금의 상황에 비추어 제시한다.

폭정

1

미리 복종하지 말라

권위주의는 권력의 대부분을 거저 얻는다.

권위주의가 지배하는 시대의 개인들은,

억압적인 정부가 무엇을 원할지 미리 생각한 다음,

요구가 없어도 자신을 내어준다.

이런 식으로 순응하는 시민은 권력자에게

그가 무엇을 할 수 있는지를 가르치는 것이다.

예측 복종은 정치적 비극이다. 통치자들은 시민들이 이러저런 가치나 원칙에 기꺼이 타협할 의사가 있다는 걸 처음부터 알지는 못했을 것이다. 애초에 새로운 정권은 시민들에게 어떤 식으로든 영향력을 행사할 직접적인 수단도 갖고 있지 못했을 것이다. 나치의 집권을 가져온 1932년의 독일 선거나 공산주의자들이 승리한 1946년의 체코슬로바키아 선거 이후, 그다음의 결정적인 단계는 예측 복종이었다. 두 경우 모두에서 자발적으로 새로운 지도자에 봉사하려는 사람들이 넘쳐났기 때문에, 나치와 공산당 모두 완전한 체제 변화를 향해 신속히 움직일 수 있다는 걸 깨달았다. 최초의 경솔한 순응 행위들이 있고 난 후, 상황을 되돌리는 것은 불가능했다.

1938년 초, 독일에서 권력을 확고히 장악한 아돌프 히틀러는 이웃 나라 오스트리아를 병합하겠다고 위협했다. 오스트리아 총리가 협박에 굴복한 뒤, 오스트리아 유대인의 운명을 결정한 것은 바로 오스트리아인들의 예측 복종이었다. 현지의 오스트리아 나치는 유대인들을 붙잡아 거리에 새겨진 독립국 오스트리아의 상징을 문질러 지우게 했다. 여기서 결정적인 것은 나치가 아니었던 평범한 사람들이 이 광경을 흥미롭게 그리고 즐겁게 지켜봤다는 사실이다. 유대인 재산 목록을 가지고 있던 나치는 할 수 있는 한 모든 것을 훔쳤다. 나치가 아닌 보통 사람들도 절도에 가담했다는 사실이 또한 결정적이다. 정치이론가 해나 아렌트는 이렇게 기억했다. 〈독일군이 오스트리아를 침공하고 비유대인 이웃들이 유대인의 집을 찾아다니며 소요를 일으켰을 때, 오스트리아 유대인들은 자살하기 시작했다.〉

1938년 3월 오스트리아인들의 예측 복종은, 나치 고위 지도층으로 하여금 무엇이 가능한지를 알게 했다. 바로 그해 8월 빈에서, 아돌프 아이히만은 유대인 이주 본부를 설립했다. 1938년 11월, 나치는 오스트리아의 3월을 모범으로 삼아 수정의 밤으로 알려진 전국적인 포그롬▼을 체계적으로 실행에 옮겼다.

▼pogrom. 특정 종족 집단, 특히 유대인의 학살을 겨냥한 폭동.

1941년 독일이 소련을 침공했을 때, 나치 친위대는 상부의 명령이 없는 상태에서 솔선하여 대량 학살 방법을 고안해 냈다. 나치 친위대는 상부에서 무엇을 원하는지 미루어 짐작했고, 무엇이 가능한지 시연해 보였다. 그것은 히틀러가 생각한 것을 훨씬 뛰어넘었다.

예측 복종은 애초에는 새로운 상황에 반성 없이 본능적으로 적응하는 것을 의미했다. 독일인들만 그런 일을 벌였을까? 미국의 심리학자 스탠리 밀그램Stanley Milgram은 나치의 잔학상에 관하여 깊이 숙고하면서 독일인들이 그렇게 행동한 이유를 설명해 주는 특별히 권위주의적인 인성이 존재한다는 것을 증명하고 싶었다. 그러나 그 명제를 증명할 실험을 고안했던 밀그램은 독일에서 실험을 진행해도 좋다는 허락을 얻지 못했다. 그래서 밀그램은 아쉬운 대로 1961년에 예일 대학교의 한 건물에서 실험을 진행했다. 아돌프 아이히만이 나치의 유대인 학살에서 그가 맡은 역할에 대한 혐의 때문에 예루살렘에서 재판을 받고 있던 무렵이었다.

밀그램은 피험자들에게(일부는 예일 대학교 학생이었고 일부는 뉴헤이븐 주민이었다) 그들이 학습에 관한 실험에서 다른 참가자들에게 전기 충격을 가할 것이라고 말했다. 유리창 반대편에서 전선을 붙이고 있던 사람들은 실제로는 밀그램의 계획에 따라 충격을 받는 시늉만 했다. 피험자들은 학습 실험 참여자들에게(그들이 참여자라고 생각한 자들에게) 충격을 가했을 때(충격을 가했다고 생각했을 때) 무서운 광경을 목도했다. 자신들이 알지도 못할뿐더러 불만을 품어 본 적조차 없는 사람들이 끔찍한 고통을 겪는 모습이었다. 그들은 유리창을 두드리며 가슴 통증을 호소했지만, 피험자들은 대부분 밀그램의 지시를 따랐고 희생자들이 죽는 것처럼 보일 때까지 계속해서 한층 더 큰 충격을(더 큰 충격이라고 생각한 것을) 가했다. 동료 인간이 (명백한) 죽음에 이를 정도로 모든 과정을 다 수행하지는 않았던 피험자들조차 다른 참여자들의 건강에 이상이 없는지 궁금해하지도 않은 채 실험실을 떠났다.

밀그램은 사람들이 새로운 환경의 새로운 규칙을 놀랍도록 잘 받아들인다는 걸 파악했다. 새로운 권위자로부터 그렇게 하라고 지시받기만 하면, 사람들은 새로운 목적에 부합하기 위해 놀라울 만큼 기꺼이 타인들을 해하고 죽일 용의가 있었다. 밀그램은 이렇게 기억했다. 〈나는 너무도 많은 복종을 목격했기에 독일까지 가서 실험할 필요성을 느끼지 못했다.〉

2

제도를
보호하라

우리가 품위를 유지할 수 있도록 돕는 것은
제도이다. 제도도 우리의 도움이 필요하다.
제도를 위해 행동함으로써 그 제도를 우리의 것으로
만들지 않는다면, 〈우리의 제도〉가 어떻다는
이야기는 하지도 말라. 제도는 스스로를 보호하지
못한다. 그중 무엇이든 처음부터 보호받지 못하면,
제도는 하나씩 차례로 무너져 내린다.
그러므로 법정이든, 언론이든, 법이든,
노동조합이든 보살필 제도를 하나 선택하라.
그리고 그 편에 서라.

우리는 제도가 가장 직접적인 공격에 직면해서도 자동적으로 스스로를 지킬 것이라고 추정하는 경향이 있다. 히틀러와 나치가 정부를 수립한 이후 일부 독일 유대인들도 이와 같은 오판을 했다. 예를 들어, 1933년 2월 2일 한 주요 독일 유대인 신문은 잘못된 믿음을 드러내는 다음과 같은 사설을 실었다.

> 그토록 오랫동안 갈망했던 권력을 마침내 차지한 히틀러와 그의 친구들이 〔나치 신문들에서〕 회자되고 있는 제안들을 실행에 옮길 거라는 견해에 우리는 동의하지 않는다. 그들이 갑자기 독일 유대인들에게서 헌법이 보장하는 권리를 박탈하거나, 독일 유대인들을 게토에 가두거나, 유대인을 군중의 질투와 살인 충동에 내맡기는 일은 일어나지 않을 것이다. 그들은 이 같은 일을 벌일 수 없다. 다수의 결정적인 요인들이 권력을 제어하며…… 그들이 분명히 그러한 길로 나아가기를 원하지

않기 때문이다. 유럽의 강국답게 처신하려는 나라는 전반적으로 더 나은 자아를 윤리적으로 성찰하고, 이전에 취했던 대립적 태도를 지양하려는 경향을 띤다.

1933년에 분별력을 갖춘 많은 사람들이 이와 같이 생각했다. 마찬가지로 지금 합리적인 많은 사람들도 이런 견해를 갖고 있다. 제도를 통해 권력을 장악한 통치자들이 바로 그 제도를 바꾸거나 파괴할 수는 없으리라고 추정한 것은 치명적인 실수였다. 심지어 그들이 제도를 바꾸고 파괴하겠다고 공언했을 때조차 사람들은 그런 오판을 저질렀다. 혁명가들은 때때로 여러 제도를 단번에 파괴하려고 한다. 러시아의 볼셰비키가 바로 이런 방식을 취했다. 때때로 제도는 그 생명력과 기능을 빼앗기고 껍데기만 남기도 한다. 그 결과 제도는 새로운 질서에 저항하기보다 그것을 고착화하는 데 기여한다. 이것이 바로 나치가 획일화Gleichschaltung라고 부른 것이다.

나치가 내세우는 새로운 질서가 공고해지기까지는 1년이 채 안 걸렸다. 1933년 말에 이르러, 독일은 국가의 모든 주요 제도가 있으나 마나 한 일당 국가가 되었다. 그 해 11월, 독일 당국은 (야당 없이) 의회 선거를 치르고 《정답〉이 알려진 문제에 관하여) 국민 투표를 실시하여 새로운 질서를 추인했다. 몇몇 독일 유대인은 나치 지도자들이 원하는 대로 투표했다. 그러한 충성 행위가 새로운 질서에 자신들을 결속시킬 거라고 기대했던 것이다. 헛된 희망이었다.

3

일당
국가를
조심하라

국가를 개조하고 경쟁자들을 억압한 당들이

처음부터 전능했던 것은 아니다.

그들은 역사적 계기를 이용하여

반대파의 정치 활동을 불가능하게 만들었다.

그러므로 다당제를 지지하고 민주주의적 선거의

규칙을 수호하라. 할 수만 있으면 지방 선거와

중앙 선거에서 투표하라.

공직에 입후보할 것을 고려해 보라.

아마도 토머스 제퍼슨이 〈영원한 경계는 자유의 대가이다Eternal vigilance is the price of liberty〉라는 말을 하지는 않았을 것이다. 하지만 당대에 이 같이 말한 미국인들이 있었다는 것은 분명한 사실이다. 오늘날 우리는 이 말을 외부를 향한 바람직한 경계, 즉 그릇된 생각을 가진 외부의 적들을 끝없이 경계해야 한다는 뜻으로 받아들이곤 한다. 우리 자신을 언덕 위의 도시, 민주주의의 요새로 보면서 해외에서 오는 위협을 늘 주의해서 살펴야 한다는 것이다. 그러나 이 격언의 참뜻은 완전히 다르다. 그 뜻은 미국의 민주주의를 지키기 위해서는 우리의 자유를 갉아먹고 기어코 끝장낼 〈미국인들〉을 끊임없이 경계해야 한다는 것으로, 여기서 경계의 대상은 외부의 적이 아니라 바로 인간의 본성이다. 사실을 말하자면, 미국의 노예 폐지론자 웬들 필립스Wendell Philips가 〈영원한 경계는 자유의 대가이다〉라고 말한 바 있다. 그는 덧붙여 이렇게 말했다. 〈대중의 자유라는 만나▼는 매

일 거둬들여야지, 그러지 않으면 썩는다.〉[▼▼]

현대 유럽 민주주의의 역사도 그러한 말에 담긴 지혜를 확인해 준다. 20세기에는 참정권을 확대하고 튼튼한 민주주의 체제를 확립하려는 진지한 노력이 이루어졌다. 그러나 제1차 세계 대전 이후(그리고 제2차 세계 대전 이후) 등장한 민주주의 체제들은 단일 정당이 선거와 쿠데타를 결합하여 권력을 장악했을 때 빈번히 무너졌다. 유리한 선거 결과에 대담해지거나 이데올로기의 힘으로 움직이는 정당, 또는 두 가지 경우에 다 해당되는 정당은 안으로부터 체제를 바꿀 수 있다. 1930년대나 1940년대에 파시스트와 나치, 공산주의자 들이 선거에서 좋은 성과를 올렸을 때, 뒤이어 관제 행사와 억압, 살라미 전술(반대파를 하나씩 차례대로 얇게 저미는 것)이 뒤섞여 나타났다. 대다수 사람들은 혼란에 빠졌고, 어떤 이들은 투옥되었으며, 나머지는 굴복했다.

데이비드 로지David Lodge의 소설에 나오는 주인공은 사

[▼] 이스라엘 사람들이 이집트에서 탈출할 때 신이 주신 음식.

[▼▼] 미국의 독립 선언문을 기초한 토머스 제퍼슨은 미국의 민주주의를 상징하는 인물로, 그가 〈영원한 경계는 자유의 대가이다〉라는 말을 한 것으로 인용되는 경우가 많다. 그러나 토머스 제퍼슨 연구자들에 따르면, 그가 이 말이나 이와 비슷한 말을 말했거나 썼다는 증거는 어디에도 없다.

람들이 마지막으로 사랑을 나눌 때 그것이 마지막임을 모른다고 말한다. 투표도 그와 같다. 1932년 나치당에 표를 던진 독일인들 중 일부는 당분간 그것이 의미 있는 자유선거로는 마지막이 될 거라는 점을 분명하게 이해했지만, 대다수 사람들은 그 점을 이해하지 못했다. 1946년 체코슬로바키아 공산당에 표를 던진 체코인과 슬로바키아인 일부는 자신들이 민주주의의 종말에 찬성표를 던지고 있다는 걸 알았지만, 대다수 사람들은 다시 기회가 있을 거라고 생각했다. 1990년에 투표한 러시아인들은 이 투표가 조국의 역사에서 자유롭고 공정한 선거로는 마지막이 될 거라고 생각하지 않았음이 분명하다. 그러나 (지금까지) 이것은 마지막 투표였다. 모든 선거는 마지막 선거가 될 수 있다. 아니면 적어도 표를 던진 사람의 생애에서 마지막 선거일 수 있다. 나치는 1945년 세계 전쟁에서 패할 때까지, 그리고 체코슬로바키아 공산주의자들은 1989년에 체제가 붕괴할 때까지 권력을 유지했다. 1990년 선거 이후 수립된 러시아 과두 체제는 지금도 계속 작동하고 있으며 다른 나라의 민주주의를 파괴하기 위한 외교 정책을 장려하고 있다.

폭정의 역사가 미국에도 적용될까? 〈영원한 경계〉를

얘기했던 초기 미국인들은 분명히 그렇다고 생각했을 것이다. 그들이 고안한 체제의 논리는 상상 속의 완벽함을 기리는 것이 아니라, 현실의 불완전함이 초래할 수 있는 결과들을 줄이는 것이었다. 고대 그리스인들이 그랬듯이, 우리도 분명히 과두 체제의 문제에 직면해 있다. 세계화가 빈부 격차를 심화시키고 있기에 상황은 더욱 위협적으로 변해 가고 있다. 미국인들은 정치인에게 돈을 주는 것이 표현의 자유라는 이상한 관념을 가지고 있다. 이는 갑부들에게 다른 시민들보다 훨씬 더 많은 발언권이 있으며, 따라서 사실상 투표권도 더 많다는 뜻이다. 우리는 견제와 균형의 수단을 갖고 있다고 믿지만, 지금과 같은 상황에 처한 적은 드물다. 즉, 두 정당 중 인기가 적은 쪽이 여러 주 의회에서 다수를 차지하고 있을 뿐만 아니라, 연방 정부 차원에서도 권력의 수단을 모조리 차지하고 있다. 그러한 통제력을 행사하는 정당은 사회 전반이 좋아하는 정책은 거의 제안하지 않으며, 이따금 대중에게 전혀 인기 없는 정책을 제안한다. 따라서 그들은 민주주의를 두려워하거나 약화시켜야만 한다.

초기 미국의 격언에는 이런 말도 있다. 〈매년 선거가 끝나는 곳에서 폭정이 시작된다.〉 러시아인들이 1990년의 선거를, 체코인들이 1946년의 선거를, 독일인들이 1932년의 선거를 보듯 우리도 2016년의 선거를 돌아보게 될까? 어떻게 될지는 우리에게 달렸다. 모든 시민이 동등한 한 표를 행사하도록, 각각의 표를 동료 시민이 쉽게 집계할 수 있도록 불공정한 선거 제도를 고치려면 많은 일을 해야 한다. 우리에겐 종이 투표지가 필요하다. 멀리서 조작할 수 없고 언제라도 다시 헤아릴 수 있기 때문이다. 이 같은 일은 지역과 주 차원에서 이루어질 수 있다. 2018년의 선거는, 만약 실시된다고 한다면, 미국의 전통을 시험하는 선거가 될 것임이 분명하다. 그렇기에 그때까지 해야 할 일이 아주 많다.

4

세상의 얼굴에 책임을 져라

오늘의 상징은 내일의 현실이 된다.

스바스티카▼와 여타 증오의 상징들에 주목하라.

눈길을 돌리지도 익숙해지지도 말라.

이러한 상징들을 거부하고 다른 이들도

그렇게 하도록 모범이 되라.

삶은 정치적이다. 세상이 우리의 기분을 살피기 때문이 아니라 우리의 행위에 반응하기 때문이다. 우리가 하는 사소한 선택들은 그 자체로 일종의 투표 행위다. 그런 선택 하나하나가 장래에 자유롭고 공정한 선거가 치러질 가능성을 만들어 내기 때문이다. 일상의 정치에서 우리의 말과 행동은, 또는 말과 행동의 부재는 대단히 중요하다. 20세기의 몇몇 극단적인(그리고 덜 극단적인) 사례들을 보면 그 이유를 알 수 있다.

이오시프 스탈린 치하의 소련에서 부농(富農)은 선전 포스터에서 돼지로 그려졌다. 인격을 부정하는 이러한 이미지는 농촌이라는 배경을 고려할 때 분명히 도살을 암시한다. 때는 1930년대 초로, 당시에 소련은 시골을 장악하고 그 자본을 뽑아내 단기 집중 산업화에 투입하려고 했다. 남들보다 땅이나 가축을 더 많이 가진 농민이

▼ 나치의 상징 기호인 만(卍)자.

가장 먼저 재산을 잃었다. 돼지로 묘사된 이웃의 땅을 빼앗는 데 양심의 가책 따위는 없었다. 그러나 그 상징 논리를 따랐던 사람들은 자기 차례에서 희생자가 되었다. 빈농이 부농을 적대하도록 만들고 나서, 소련 정권은 다음 조치로 모든 사람의 토지를 강탈하여 새로운 집단 농장을 만들었다. 농업 집단화가 완료되자 많은 소련 농민이 기아에 허덕였다. 1930년에서 1933년 사이 우크라이나 소비에트와 카자흐스탄 소비에트, 러시아 소비에트에서 수백만 명이 끔찍하고 굴욕적인 죽음을 맞이했다. 그 기아가 끝나기 전, 소련 시민들은 인육을 얻기 위해 시체에서 살을 발라냈다.

소련에서 기아가 절정에 달했던 1933년, 독일에서는 나치가 권력을 잡았다. 승리를 만끽한 나치는 유대인 상점에 대한 불매 운동을 조직했다. 처음에는 그다지 성공적이지 않았다. 그러나 어떤 가게에는 〈유대인〉이라고, 또 어떤 가게에는 〈아리아인〉이라고 유리창과 벽에 표시를 하자, 독일인들의 가정 경제학에 관한 사고방식은 완전히 바뀌었다. 〈유대인〉이라고 쓰인 가게에는 미래가 없었다. 그러한 가게는 탐욕스러운 음모의 대상이 되었다. 재산에 종족이 표시되면서, 시기심이 윤리를 바꿔 놓았다. 가게에 〈유대인〉이라고 표시할 수 있다면, 회사나 다른 재산에 그렇게 해서는 안 될 이유도 없지 않은가? 유대인이 사라졌으면 좋겠다는 바람은 처음에는 억눌려 있었을 것이다. 그러나 탐욕을 효모로 삼아 이내 한껏 부풀어 올랐다. 결과적으로 가게에 〈유대인〉이라고 쓴 독일인들은 실제로 유대인의 소멸 과정에 참여한 것이다. 멀뚱히 서서 지켜보기만 한 자들도 마찬가지였다. 그러한 표시를 도시 풍경의 일부로 자연스럽게 받아들였다는 사실은 이미 끔찍한 미래와 타협한 것이나 다름없는 일이기 때문이다.

언젠가 우리에게도 충성의 상징을 드러낼 기회가 생길지도 모른다. 그때는 그러한 상징이 동료 시민을 배척하는 데 이용되는 것은 아닌지 철저히 확인하라. 옷깃 핀의 역사마저도 전혀 결백하지 않다. 1933년, 나치 독일에서 일당 국가를 승인하는 선거와 국민 투표가 실시되던 중에 사람들은 옷깃에 〈찬성〉이라고 쓰여 있는 핀을 꽂았다. 1938년, 오스트리아에서는 나치가 아니었던 사람들조차 옷깃에 스바스티카 핀을 꽂기 시작했다. 자부심의 표현으로 보일 수 있는 것이 배척의 근원일 수 있다. 1930년대와 1940년대 유럽에서 몇몇 사람들이 스바스

티카를 옷에 달기로 선택하자 어떤 사람들은 노랑별을 달아야 했다.

더이상 혁명을 믿는 사람이 아무도 없던, 만년에 이른 공산주의의 역사는 상징에 관한 결정적인 교훈을 제시한다. 의기소침해진 시민들이 그저 자신을 가만 내버려 두기만을 바랄 때조차, 공적 상징은 여전히 폭압적인 체제의 유지에 일조할 수 있다. 체코슬로바키아 공산주의자들이 1946년에 선거에서 승리했을 때, 그리고 1948년에 권력을 완전히 장악하고자 쿠데타에 착수했을 때, 많은 체코슬로바키아 시민은 희열을 느꼈다. 그로부터 30년이 지난 1978년, 반체제 사상가 바츨라프 하벨이 「무력한 자들의 권력」이라는 글을 썼다. 이 글에서 그는 체제의 목적과 이데올로기를 믿는 사람들이 거의 없는 상태에서도 사람들을 억압하는 체제가 유지되는 이유를 설명하고자 했다. 그는 가게 유리창에 〈만국의 노동자여, 단결하라〉라는 글귀를 붙여 둔 한 채소 장수를 예로 들었다.

『공산당 선언』에 나오는 이 인용구의 의미를 채소 장수가 실제로 지지한 것은 아니다. 그가 유리창에 그 구절을 써 붙인 이유는 그래야만 당국의 간섭을 받지 않고 일상생활로 물러나 있을 수 있었기 때문이다. 다른 사람들도 모두 같은 논리를 따를 때, 공적 영역은 충성의 상징으로 뒤덮이고, 저항은 생각조차 할 수 없게 된다. 하벨은 이렇게 말했다.

> 우리는 채소 장수가 구호를 내건 의도가 구호의 실제 의미와는 아무 관계도 없다는 것을 알고 있다. 그렇더라도, 구호의 실제 의미는 매우 선명하며 일반적으로 잘 이해된다. 우리가 그 코드에 매우 익숙해져 있기 때문이다. 말하자면 채소 장수는 사실상 그의 진심이 무엇이건 간에 정권이 들을 수 있는 유일한 방법으로 자신의 충성을 선언한 것이다. 즉 미리 정해져 있는 의례를 받아들임으로써, 겉모습을 현실로 받아들임으로써, 주어진 게임의 규칙을 받아들임으로써, 결과적으로 그 게임이 계속 지속될 수 있게 했고, 무엇보다도 일단 그 게임이 존재하도록 만들었던 것이다.

하벨은 물었다. 〈아무도 그 게임을 하지 않는다면 무슨 일이 일어날까?〉

5

직업
윤리를
명심하라

정치 지도자들이 부정적인 본보기가 될 때,

직업적 책무를 다하는 것은 더욱 중요해진다.

법률가 없이 법치 국가를 파괴하거나,

판사 없이 보여 주기 식 재판을 진행하기는 어렵다.

권위주의자들에게는 복종하는 공무원이 필요하고,

강제 수용소 소장들에게는 값싼 노동력에

관심이 있는 사업가가 필요하다.

제2차 세계 대전 발발 전에 한스 프랑크라는 이름의 남자는 히틀러의 개인 변호사였다. 1939년 독일이 폴란드를 침공한 후, 프랑크는 점령지 폴란드의 총독이 되었다. 그곳에서 유대인과 폴란드 시민 수백만 명이 학살당했다. 프랑크는 한때 그 모든 처형을 알리려면 전단으로 쓸 종이가 많이 필요한데 종이를 만들 나무가 부족할 지경이라고 자랑삼아 얘기했다. 프랑크는 법의 효용은 민족에 봉사하는 데 있고, 따라서 민족에 이롭다고 생각되는 것이 법이라고 주장했다. 이러한 논거에 따라, 독일의 법률가들은 법과 규칙이 정복과 파괴의 계획들을 방해하는 것이 아니라 돕기 위해 존재한다고 확신할 수 있었다.

히틀러가 오스트리아 병합을 감독하도록 선택한 사람은 아르투어 자이스잉크바르트였다. 그 또한 변호사였는데, 나중에 네덜란드 점령도 지휘했다. 유대인과 집시, 폴란드 엘리트, 공산주의자, 장애인 등의 대량 학살을 수

행한 특수 기동대의 지휘관들 중에는 법률가들이 지나치리만큼 많았다. 독일인 (그리고 다른) 의사들은 강제 수용소에서 소름 끼치는 의학 실험에 참여했다. 이게파르벤을 비롯해 여러 독일 기업의 사업가들은 강제 수용소 수용자와 게토의 유대인, 전쟁 포로의 노동력을 착취했다. 장관부터 말단 서기까지, 공무원들이 이 모든 과정을 감독하고 기록했다.

재판 없는 처형은 없다는 규범을 법률가들이 따랐다면, 동의 없는 수술은 없다는 규정을 의사들이 받아들였다면, 노예 노동 금지를 기업가들이 지지했다면, 살인과 관련된 서류 작업의 처리를 관료들이 거부했다면, 나치 정권은 지금 우리가 알고 있는 잔혹 행위를 실행에 옮기기가 훨씬 더 어려웠을 것이다.

일개 개인과 정부가 윤리를 주제로 대화를 나눈다는 것은 사실상 불가능한 일이다. 하지만 직업은 이 일을 가능하게 한다. 직업의 구성원들이 스스로를 공동의 이해관계를 지닌 집단으로, 언제나 지켜야 할 규범과 규칙을 지닌 집단으로 생각한다면, 그들은 자신감과 함께 일종의 권력을 얻을 수 있다. 지금은 예외적인 상황이라는 말을 듣는 바로 그 순간, 직업 윤리는 우리에게 따라야 할 지침을 제공한다. 그러면 〈단지 명령을 따랐을 뿐〉이라는 말 따위는 하지 않게 될 것이다. 그러나 직업 종사자들이 그들에게 요구되는 윤리와 순간의 감정을 혼동할 경우, 그들은 이전에는 상상조차 할 수 없던 일들을 말과 행동으로 옮기는 자신을 발견하게 될 것이다.

6

준군사 조직을 경계하라

체제에 반대하는 자들이 제복을 입고 총으로

무장한 채 횃불과 지도자의 사진을 들고 행진하면,

종말이 가까이 온 것이다.

지도자를 추종하는 준군사 조직이

국가의 경찰이나 군대와 뒤섞여 하나가 되면,

종말은 이미 온 것이다.

대다수 정부는 거의 언제나 폭력을 독점하려 한다. 오로지 정부만이 합법적으로 무력을 쓸 수 있다면, 그리고 무력의 행사가 법의 구속을 받는다면, 우리가 당연하게 여기는 정치의 형태들이 가능해진다. 국가의 힘에 구속되지 않는 행위자들이 폭력을 쓸 수단을 얻게 되면, 민주주의적 선거를 실시하고, 법정에서 재판을 하고, 법을 입안하여 시행하거나, 정부가 의당 해야 할 일을 묵묵히 처리해 나가는 것은 불가능해진다. 민주주의와 법치의 토대를 허물고자 하는 개인이나 정당이 정치에 관여하는 폭력 조직을 만들고 자금을 대는 것은 이 때문이다. 통상 그러한 단체는 정당 소속의 준군사 조직이나 특정 정치인의 개인 경호대 형태를 띤다. 겉보기에는 자발적인 시민들이 주도한 것처럼 보이더라도 알고 보면 정당이나 지도자 개인이 조직한 경우가 대부분이다.

무장 단체는 먼저 정치 질서를 어지럽히고, 그다음 그 질서를 바꿔 버린다. 전간기 루마니아의 철위대(鐵衛隊)

나 헝가리의 화살십자당 같은 우파 폭력 집단들은 경쟁자들을 위협했다. 나치의 무장 조직은 히틀러의 군중집회 중에 반대자들을 몰아내는 경호대로 출발했다. 돌격대SA와 친위대SS로 알려진 이 준군사 조직들은 공포 분위기를 조성하여 1932년과 1933년의 의회 선거에서 나치당을 지원했다. 1938년 오스트리아에서 평시 권력의 공백을 재빨리 이용하여 유대인을 약탈하고, 구타하고, 욕보인 것은 현지의 돌격대였다. 그럼으로써 정치의 규칙을 바꾸고 나치에게 국가를 넘길 방법을 준비했던 것이다. 독일의 강제 수용소 — 통상적인 규칙이 적용되지 않는 무법 지대 — 를 운영한 것은 친위대였다. 친위대는 그들이 강제 수용소에서 개척한 무법성(無法性)을 제2차 세계 대전 중 독일이 점령한 유럽 전역으로 확장했다. 친위대는 법 밖의 조직으로 출발했고, 법을 초월한 조직이 되었으며, 결국 법을 없애 버린 조직이 되었다.

미국 연방 정부는 전쟁에서 용병을 쓰고 있고 미국 주 정부들은 교도소 운영을 민간 기업에 맡기고 있기 때문에, 미국에서 폭력의 사용은 이미 고도로 민영화되어 있다. 새로운 점이 있다면 트럼프 대통령이 선거 운동 기간에 반대자들에게 폭력을 썼던 개인 경호대를 취임 이후

에도 유지하기를 원하고 있다는 것이다. 후보 시절에 트럼프는 대회장에서 반대자들을 내쫓으라고 경호대에 명령했을 뿐 아니라, 청중에게도 다른 의견을 표명하는 자들을 몰아내라고 부추겼다. 항의하는 사람은 처음에는 야유를 받다가, 이어 〈USA〉를 부르짖는 광적인 외침을 마주하고, 그러고 나서 강제로 집회장에서 쫓겨나곤 했다. 어느 선거 운동 집회에서 그는 이렇게 말했다. 「찌꺼기들이 남아 있어요. 저 찌꺼기들을 내보내는 게 좋겠습니다. 쫓아냅시다.」 말이 떨어지기가 무섭게 군중은 반대자일 가능성이 있는 사람들을 쫓아내며 내내 〈USA〉를 연호했다. 트럼프가 이 소란에 끼어들며 말했다. 「평범하고 지겨운 집회보다 이게 훨씬 재미있지 않습니까? 아주 재밌군요.」 이런 식의 집단 폭력은 정치적 분위기를 바꾸기 위한 것이었고, 실제로 의도한 대로 되었다.

집회에서의 감정과 배제의 이념이 통합되어 무장 경호대의 양성으로 이어지면, 폭력이 분위기만이 아니라 체제까지 바꿀 수 있다. 이들은 먼저 경찰과 군대의 권위에 도전하고, 그다음에는 경찰과 군대에 침투하고, 종국에는 경찰과 군대를 바꿔 놓는다.

7

무장을 해야 한다면 깊이 생각하라

공무 집행을 위해 무기를 든다면,

신이 축복하고 지켜 줄 것이다.

그러나 과거의 악폐에는

어느 날 자신이 비정상적인 일을 수행하고

있음을 알게 된 경찰들과 군인들이

연루되어 있음을 명심하라.

〈안 됩니다〉라고 말할 준비를 하라.

권위주의 정권들은 대개 항의하는 시민을 해산하는 임무를 맡은 특수 진압 경찰과, 정권 반대자나 적들의 살해를 임무의 일부로 하는 비밀경찰을 보유하고 있다. 그리고 우리는 비밀경찰이 20세기의 대규모 잔혹 행위에 깊이 관여했음을 잘 알고 있다. 즉, 1937년부터 1938년까지 소련에서 벌어진 대숙청과 1941년에서 1945년까지 나치 독일이 자행한 유럽 유대인의 홀로코스트 같은 것들에 말이다. 그러나 소련의 내무인민위원부NKVD나 나치 친위대가 단독으로, 지원 없이 활동했다고 생각하면 큰 오산이다. 정규 경찰의 지원 그리고 때로는 정규군의 지원이 없었다면, 그런 대규모 학살극은 일어날 수 없었다.

소련의 대숙청 시기에 NKVD 소속 경찰들은 국가의 적으로 추정된 자들 68만 2,691명을 처형했다. 처형당한 사람들은 대부분 농민이거나 소수 민족의 일원이었다. 그 당시에 NKVD보다 더 중앙 집중적이고 더 잘 조직된 폭력 기관은 아마도 없었을 것이다. NKVD의 몇몇 비밀경찰은 목에 총을 쏘아 자신의 임무를 수행했는데, 이는 일부 NKVD 장교들이 자신의 신념에 따라 수천의 정치적 살해를 행했다는 뜻이다. 어쨌든, 소련 전역의 지역 경찰과 법률 전문가, 공무원의 지원이 없었더라면 이들의 조직적인 활동은 가능하지 않았다. 대숙청은 NKVD와 그 특수 임무에 모든 경찰이 복종하도록 요구된 예외적인 상황에서 발생했다. 경찰은 주된 가해자가 아니었지만, NKVD의 임무 수행에 없어서는 안 될 필수 인력을 제공했다.

홀로코스트를 생각할 때면, 우리는 아우슈비츠와 기계화된 비인격적 죽음을 떠올린다. 이것이 독일인들이 홀로코스트를 떠올리는 편리한 방식이다. 이 경우 그들은 아우슈비츠 문 뒤에서 정확히 무슨 일이 일어나는지 아는 독일인은 거의 없었다고 주장할 수 있기 때문이다. 사실을 말하자면, 홀로코스트는 학살 시설이 아니라 동유럽 각지의 처형 구덩이들에서 시작되었다. 그 학살의 일부를 저지른 독일 특수 기동대의 몇몇 지휘관들은 실제로 뉘른베르크에서, 나중에는 서독의 법정에서 재판을 받았다. 그러나 이러한 재판조차도 그 범죄의 규모를 축

소하는 것이었다. 본질적으로, 친위대 지휘관들뿐만 아니라 그들의 명령을 받았던 수많은 사람들이 전부 살인자였다.

그리고 이것은 시작에 불과했다. 홀로코스트의 모든 대규모 학살 행위(우크라이나의 키이우 외곽에서 3만 3천 명 이상, 라트비아의 리가 외곽에서 2만 8천 명 이상 등)에 독일의 정규 경찰이 개입했다. 통틀어서 보자면, 정규 경찰은 특수 기동대보다 더 많은 유대인을 죽였다. 그들 중 다수가 아무런 준비 과정 없이 이러한 임무 수행에 투입되었다. 그들은 낯선 땅으로 보내졌고, 그곳에서 명령을 받았으며, 나약한 인간으로 비치기 싫었다. 드물게나마 유대인을 살해하라는 명령을 거부하는 경우가 있었는데, 이때 경찰은 처벌받지 않았다.

일부는 신념을 가지고 살인에 임했다. 그러나 다수는 단지 자기만 발을 빼는 것이 두려웠을 뿐이다. 순응주의 말고도 다른 요인들은 있었다. 그러나 순응주의자들이 없었다면 그 엄청난 잔혹 행위는 불가능했을 것이다.

8

앞장서라

누군가는 해야 한다. 남들을 따라가기는 쉽다.

다르게 행동하거나 다른 이야기를 하면

불편한 기분이 들 수 있다.

그러나 그러한 불편함이 없다면 자유도 없다.

로자 파크스를 기억하라.▼

당신이 모범을 보이는 순간,

현상 유지의 마법은 깨진다.

그 뒤를 다른 이들이 따를 것이다.

제2차 세계 대전 종전 후, 유럽인과 미국인을 비롯한 여러 나라 사람들이 히틀러에 대항한 의로운 저항의 신화들을 만들어 냈다. 하지만 1930년대에 지배적이었던 태도는 수용과 감탄이었다. 1940년에 이르면, 대다수 유럽인은 맞서 싸우기 버거워 보이는 나치 독일과 화해했다. 찰스 린드버그 같은 미국의 유력 인사들은 〈미국 우선America First〉이라는 구호를 외치며 나치와 전쟁을 벌이는 것에 반대했다.▼▼ 오늘날 우리가 기억하고 칭송하는 자들은 그들이 살던 시대에는 예외적이고, 유별나고, 심지어 정신 나간 사람으로 여겨졌던 자들이다. 그들을 둘러싼 세상이 바뀌는 동안 절대 바뀌지 않았던

▼Rosa Parks(1913~2005). 인종 분리 정책이 실행 중이던 1955년 12월 1일 앨라배마 주 몽고메리 시에서 버스에 타고 있던 파크스는 흑인 구역의 좌석을 백인에게 양보하라는 버스 기사의 명령을 거부했고, 이는 시민 불복종 운동의 도화선이 되었다.

▼▼Charles Lindbergh(1902~1974). 미국 항공 우편 조종사로 일하던 1927년 뉴욕에서 파리까지 비행에 성공하여 유명해진 인물. 제2차 세계 대전 중에 독일과 싸우는 영국을 돕는 데 반대한 미국우선위원회America First Committee를 지지했다.

자들이다.

제2차 세계 대전이 발발하기 한참 전에, 많은 유럽 국가들이 민주주의를 포기하고 이러저러한 형태의 우파 권위주의 체제를 채택했다. 이탈리아는 1922년에 최초의 파시스트 국가가 되었고, 독일의 군사 동맹국이 되었다. 헝가리와 루마니아, 불가리아는 무역과 영토를 약속한 독일과 가까워져 있었다. 1938년 3월 독일이 오스트리아를 병합했을 때, 어떤 강대국도 이러한 사태에 항의하지 않았다. 1938년 9월, 강대국들 — 프랑스와 이탈리아, 그리고 당시 네빌 체임벌린이 이끌던 영국 — 은 나치 독일이 체코슬로바키아를 분할하는 데 사실상 협조했다. 1939년 여름, 소련은 나치 독일과 동맹을 맺었고, 소련군은 독일의 국방군과 합세하여 폴란드를 침공했다. 폴란드 정부는 싸우기로 결정했고, 협정에 따라 영국과 프랑스가 참전했다. 1940년 봄, 독일은 소련으로부터 식량과 연료를 공급받아 노르웨이와 네덜란드, 벨기에, 심지어 프랑스까지 침공하여 신속하게 점령했다. 영국 원정군 잔여 병력은 1940년 5월 말에서 6월 초까지 됭케르크에서 유럽 본토를 탈출했다.

1940년 5월, 윈스턴 처칠이 영국 총리가 되었을 때 남은 것은 영국 하나뿐이었다. 영국은 의미 있는 승전도 중요한 동맹국도 없었다. 영국은 폴란드를 지원하기 위해 참전했지만 실패했다. 나치 독일과 그 동맹국인 소련이 유럽 대륙을 지배했다. 1939년 11월, 소련은 헬싱키 폭격을 시작으로 핀란드를 침공했다. 처칠이 집무를 시작한 직후, 소련은 에스토니아와 라트비아, 리투아니아 등 발트 지역의 세 나라를 점령하여 병합했다. 미국은 참전하지 않았다.

아돌프 히틀러는 영국이나 그 제국을 특별히 증오하지 않았고, 실제로 세상을 이해 권역으로 분할해 나눠 갖는 것을 구상했다. 히틀러는 프랑스가 무너진 뒤 처칠이 타협할 것으로 기대했다. 그러나 처칠은 타협하지 않았다. 처칠은 프랑스에 〈당신들이 어떻게 하든, 우리는 끝까지 싸울 것이다〉라고 말했다.

1940년 6월 처칠은 영국 의회에서 〈영국 전투의 개전이 임박해 있다〉고 말했다. 독일 공군은 영국의 도시들을 폭격하기 시작했다. 히틀러는 처칠이 휴전 협정에 서명할 수밖에 없을 거라고 예상했다. 잘못된 판단이었다. 훗날 처칠은 그 공중전 시기를 〈살든 죽든 아무래도 좋은 시절〉이었다고, 〈영국인의 기운차고 침착한 기질을 표현

할 수 있게 되어 영광〉이라고 얘기했다. 실제로 처칠은 영국인들이 스스로를 침착하게 악에 맞서는 자랑스러운 국민으로 규정하는 데 도움을 주었다. 다른 정치인이었다면 전쟁을 끝내기 위해 영국 여론에 지지를 구했을 것이다. 처칠은 그렇게 하는 대신 저항했고, 격려했으며, 승리했다. 영국 공군은(폴란드 비행 중대 2개와 다수의 외국인 조종사들과 함께) 독일 공군을 저지했다. 하늘을 장악하지 못한 상황에서는, 아무리 히틀러라 해도 영국을 상륙 작전으로 침공할 엄두를 낼 수 없었다.

처칠은 다른 이들이 하지 않은 일을 했다. 미리 패배를 인정하는 대신 히틀러가 계획을 변경할 수밖에 없도록 만든 것이다. 독일의 기본적인 전략은 서쪽에서 저항을 분쇄한 다음 소련을 침공하여(즉 배신하여) 소련의 서부 지역을 식민지로 삼는 것이었다. 1941년 6월, 여전히 영국과 전쟁을 벌이는 중에 독일은 동맹국인 소련을 공격했다.

이제 독일은 두 전선에서 싸워야 했고, 소련과 영국은 예기치 않게 일순간 동맹국이 되었다. 1941년 12월, 일본은 하와이 진주만의 미 해군 기지를 폭격했고, 미국이 참전했다. 이제 소련과 미국, 영국은 압도적인 거대 동맹을 결성했다. 이 세 강대국은 서로 협력하여, 그리고 다른 많은 동맹국들의 도움을 받아 제2차 세계 대전에서 승리했다. 그러나 1940년에 처칠이 영국은 전쟁에서 빠지겠다는 결정을 내렸다면, 세계 전쟁은 완전히 다르게 전개되었을지도 모른다.

처칠은 자신이 직접 역사를 쓰려 했기 때문에 역사가 자신에게 고분고분할 것이라고 말했다. 그러나 처칠은 자신이 쓴 많은 역사책과 회고록에서 자신이 내린 결정들이 당연했다고 말하며 영국 국민과 동맹국들에게 공을 돌렸다. 돌이켜보면 처칠이 한 일은 평범했고 또 옳았던 것 같다. 그러나 당시에 그는 앞장서야 했다.

물론 영국이 전쟁에 돌입한 것은 1939년 9월 폴란드 지도부가 맞서 싸우기로 결정했기 때문이었다. 그러나 폴란드의 무장 저항은 그해 10월에 실패로 끝났다. 1940년 폴란드 수도 바르샤바에서 독일의 점령이 지닌 성격이 점차 뚜렷해졌다.

테레사 프레케로바는 그해에 고등학교를 마칠 생각이었다. 그녀의 가족은 독일인들에게 전 재산을 빼앗겼고 강제로 바르샤바로 이주하여 거처를 빌려야 했다. 그녀의 아버지는 체포되었다. 삼촌 한 명은 전사했다. 두 오빠는 독일의 전쟁 포로 수용소에 갇혔다. 독일군의 공습으로 바르샤바는 심하게 파괴되었고, 약 2만 5천 명이 사망했다.

테레사는 아직 어린 소녀였지만 공포에 대응하는 방식에서 친구들과 가족들을 앞섰다. 자기 안위만을 걱정하는 것이 자연스러운 시절에, 테레사는 다른 사람들을 생각했다. 1940년 말, 독일인들은 자신들의 통제하에 놓인 폴란드의 일부에 게토를 세우기 시작했다. 그해 10월 바르샤바와 인접 지역의 유대인들은 도시의 특정 구역으로 거처를 옮기라는 지시를 받았다. 전쟁 전에 테레사의 오빠 한 명과 친하게 지낸 유대인 소녀 가족이 있었다. 테레사는 사람들이 그들의 삶에서 유대인 친구들이 조용히 사라지는 것을 말없이 방관하는 것을 지켜보았다.

1940년 말, 테레사는 가족에게 알리지 않은 채 바르샤바 게토로 들어가는 위험천만한 일을 감행했다. 그녀는 수십 차례에 걸쳐 알고 지내던 유대인뿐 아니라 일면식도 없던 유대인들에게 음식과 의약품을 가져다주었다. 그해가 끝나갈 무렵 테레사는 오빠의 여자 친구를 설득하여 게토를 탈출하게 했다. 1942년 테레사는 그녀의 부모와 남자 형제의 탈출을 도왔다. 그해 여름 바르샤바 게토에서 독일인들은 이른바 〈대작전〉을 수행하여 26만

5,040명의 유대인을 트레블린카의 학살 공장으로 이송해 죽였고, 게토 안에서 1만 380명을 살해했다. 테레사는 한 가족을 죽음으로부터 구해 냈다.

테레사 프레케로바는 나중에 홀로코스트 역사가가 되어 바르샤바 게토와 유대인을 돕는 데 힘을 보탠 사람들에 관하여 글을 썼다. 그러나 테레사는 자신에 관해서는 한사코 쓰고 싶어 하지 않았다. 세월이 한참 흐르고 나서, 그녀의 삶에 관해 들려 달라는 요청을 받았을 때, 테레사는 자신이 한 행동은 그저 정상적인 것이었다고 말했다. 우리의 시각으로 보면, 그녀의 행위는 예외적으로 보인다. 테레사는 앞장섰다.

9

어법에 공을 들여라

다른 사람들이 쓰는 표현을 피하라.

누구나 하는 말을 그저 전달할 뿐이더라도

자신만의 화법을 생각해 내라.

인터넷과 거리를 두려고 노력하라.

책을 읽어라.

유대계 인문학자인 빅토르 클렘퍼러 Victor Klemperer는 자신이 공부한 언어학을 나치의 선전을 반대하는 데 썼다. 클렘퍼러는 히틀러의 언어가 어떻게 정당한 반대를 물리쳤는지에 주목했다. 히틀러의 언어에서 국민은 언제나 오로지 국민 일부만을 의미했고(트럼프 대통령이 이 단어를 이런 식으로 쓰고 있다), 만남은 언제나 투쟁이었고(트럼프는 승리를 얘기한다), 자유로운 사람들이 세상을 다른 방식으로 이해하려는 시도는 지도자에 대한 비방이었다(또는 트럼프가 주장하듯이, 명예 훼손이었다).

우리 시대의 정치인들은 텔레비전에서 상투적인 문구를 쏟아낸다. 심지어 진부한 문구를 되풀이하는 걸 반대하는 자들도 그렇게 한다. 텔레비전은 이미지를 전달함으로써 정치적 언어에 도전한다고 주장하지만, 영상 프레임의 연속은 선명한 사고를 방해할 수 있다. 모든 것이 빠르게 일어나지만, 실제로는 아무것도 일어나지 않는다. 텔레비전으로 방송되는 뉴스는 각각 다음 뉴스로 대체될 때까지만 〈새로운〉 것이다. 그래서 우리는 연이어 파도에 부딪치지만 결코 대양을 보지 못한다.

사건들의 내막과 의미를 명확히 하려면 낱말과 개념이 필요하다. 하지만 시각적 자극에 도취되면 이것들은 우리를 빗겨간다. 텔레비전 뉴스를 보는 것은 때때로 그림이 아니라 그것을 감상하는 사람을 보는 것과 같다. 우리는 이 집단적 혼수상태를 정상적이라고 생각한다. 우리는 서서히 그러한 혼수상태에 빠졌다.

반백 년도 더 전에, 전체주의를 다룬 고전적인 소설들은 화면의 지배와 책의 금지, 어휘의 제한, 그리고 이에 뒤따르는 사고의 곤란을 경고했다. 1953년에 발표된 레이 브래드버리의 『화씨 451도』에서는 대다수 시민이 쌍방향 텔레비전을 보고 있는 동안 소방관들이 책을 찾아 불태운다. 1949년에 발표된 조지 오웰의 『1984』에서는 책은 금지되고 텔레비전은 쌍방향이어서 정부가 시민을 늘 감시할 수 있다. 『1984』에서 시각 매체에 쓰이는 언어는 크게 한정된다. 이는 대중으로부터 현재를 생각하고, 과거를 기억하며, 미래를 구상하는 데 필요한 개념들을 빼앗기 위한 조치이다. 정권의 계획 중 하나는 공식 사전이 판을 거듭할 때마다 점차 더 많은 낱말을 없애 언어를 더욱 제한하는 것이다.

화면을 응시하는 것은 아마도 피할 수 없는 일일 것이다. 그러나 다른 영역에서 발전시킨 정신적 무기들의 도움이 없다면, 2차원적 세계는 아무런 의미가 없다. 매일 미디어에 등장하는 낱말과 어구를 똑같이 되풀이한다면, 이는 세상을 더 크게 바라볼 틀이 없다는 것을 우리 스스로 인정하는 꼴이다. 그러한 틀을 가지려면 더 많은 개념들이 필요하며, 더 많은 개념은 독서를 통해서만 얻을 수 있다. 그러므로 당신의 방에서 스크린을 치우고 책으로 그곳을 채워라. 오웰의 책과 브래드버리의 책에 나오는 인물들은 이렇게 할 수 없었다. 하지만 우리는 여전히 그럴 수 있다.

무엇을 읽을 것인가? 좋은 소설이라면 어느 것이든 모호한 상황에 관해 생각하고 타인의 의도를 판단할 능력을 키워 줄 것이다. 표도르 도스토옙스키의 『카라마조프가의 형제들』과 밀란 쿤데라의 『참을 수 없는 존재의 가벼움』이 요즈음에 어울릴 수 있다. 싱클레어 루이스의 소설 『여기선 있을 수 없는 일이야It Can't Happen Here』▼는 위

▼ 미국에 파시즘이 등장하고 파시스트 지도자가 집권하는 과정을 그린 가상의 역사 소설.

대한 예술 작품은 아닐 것이다. 필립 로스의 『미국에 대한 음모The Plot Against America』가 더 낫다. 이미 수백만 미국의 젊은이들이 알고 있는 소설 하나가 폭정과 저항에 대해 설명하고 있는데 바로 J. K. 롤링의 『해리 포터와 죽음의 성물』이다. 당신이나 당신의 친구, 혹은 당신의 아이들이 처음에 이와 같은 방향으로 읽지 않았다면, 다시 읽어 보는 것도 좋을 것이다.

여기서 내가 제시한 논의의 토대를 제공하는 정치적, 역사적인 텍스트로는 조지 오웰의 「정치학과 영어Politics and the English Language」(1946), 빅토르 클렘퍼러의 『제3제국의 언어』(1947), 해나 아렌트의 『전체주의의 기원』(1951), 알베르 카뮈의 『반항하는 인간』(1951), 체스와프 미워시의 『포로의 마음』(1953), 바츨라프 하벨의 「무력한 자들의 권력」(1978), 레셰크 코와코프스키의 「보수주의적이며 자유주의적인 사회주의자가 되는 방법」(1978), 티머시 가튼 애시의 『역경의 효용The Uses of Adversity』(1989), 토니 주트의 『지식인의 책임』(1998), 크리스토퍼 브라우닝의 『아주 평범한 사람들』(1992), 피터 포메란체프의 『아무것도 진실이 아니고 모든 것이 가능하다Nothing Is True and Everything Is Possible』(2014) 등이 있다.

기독교도라면 성서로 돌아갈 수 있다. 늘 그래왔듯이 성서는 지금의 상황에도 아주 시의적절하다. 예수는 〈부자가 천국에 들어가기는 낙타가 바늘귀를 통과하는 것보다 어렵다〉고 설파했다. 우리는 겸손해야 한다. 〈누구든지 자신을 높이는 자는 낮아질 것이고 자신을 낮추는 자는 높아질 것〉이기 때문이다. 그리고 당연히 무엇이 진실이고 무엇이 거짓인지에 관해 관심을 가져야만 한다. 〈진리를 알지니 진리가 너희를 자유롭게〉 할 것이기 때문이다.

10

진실을 믿어라

사실을 포기하는 것은 곧 자유를 포기하는 것이다.

아무것도 진실이 아니라면,

누구도 권력을 비판할 수 없다.

비판의 근거가 없기 때문이다.

아무것도 진실이 아니라면,

모든 것은 쇼에 불과하다.

가장 눈이 부신 쇼에 갑부들은 기꺼이 지갑을 연다.

듣고 싶은 말과 있는 그대로의 사실이 다를 수 있음을 부정할 때, 우리는 폭정에 굴복하게 된다. 현실을 부정하는 게 더 자연스럽고 편하다고 느낄 수 있다. 그러나 그 결과는 개인의 종말이다. 또한 개인주의에 의존하는 정치 체제의 몰락이다. 빅토르 클렘퍼러 같은 전체주의 평자들이 주목했듯이, 진실은 네 가지 방식으로 소멸하는데, 우리는 그 모두를 얼마 전에 다 목격했다.

첫 번째 방식은 검증 가능한 현실에 대한 공공연한 적개심이다. 이는 날조와 거짓말을 마치 사실인 양 제시하는 형태를 띤다. 트럼프 대통령은 아주 높은 비율로, 그리고 빠른 속도로 그 짓을 하고 있다. 2016년 선거 운동 기간 중 트럼프의 발언을 분석한 한 조사에 따르면, 그가 사실이라고 주장했던 것의 78퍼센트가 거짓이었다. 이 비율은 지나치게 높아서, 그나마의 진실된 주장들이 의도치 않은 실수처럼 보이게 할 정도다. 있는 그대로의 세상을 욕보이면, 그때부터 허구적인 반(反)세계가 창조되기 시작한다.

두 번째 방식은 샤머니즘적 주문이다. 클렘퍼러가 지적했듯이, 파시즘의 표현 방식은 허구를 그럴듯하게, 범죄를 바람직하게 만들기 위해 〈끝없는 반복〉에 의존한다. 트럼프는 경쟁자들에게 〈거짓말쟁이 테드〉와 〈부정직한 힐러리〉라고 별명을 붙여 반복적으로 사용했다. 그럼으로써 자신에게 훨씬 잘 어울렸을 인격적 특징들을 경쟁자들에게 뒤집어씌웠다. 트위터를 통해 이 같은 내용을 직설적으로 반복해서 말함으로써 트럼프는 경쟁자들에게 정형화된 이미지를 씌우는 데 성공했다. 그러자 사람들은 이를 큰소리로 떠벌였다. 유세에서 반복적으로 등장한 〈장벽을 건설하라〉, 〈힐러리를 감옥에 가둬라〉 같은 구호는, 구체적으로 트럼프가 무엇을 할 것인지에 대해 아무것도 말해 주는 바가 없었지만, 바로 그러한 과대망상이 그와 청중 사이에 연결 고리를 만들어 주었다.

세 번째 방식은 마술적 사고, 즉 공공연히 모순을 끌어안는 것이다. 트럼프는 선거 운동 중에 모든 사람에게 세금을 깎아 주고, 국가 채무를 없애고, 사회 정책과 국방에 들어가는 지출을 모두 늘리겠다고 약속했다. 이러한 약속들은 서로 모순된다. 마치 닭장에서 꺼낸 달걀 하나로 아내에게는 달걀을 삶아 주고, 아이들에게는 수란을 해주고, 그다음 암탉에게 알을 품게 해서 병아리가 나오는 걸 보겠다고 말하는 것이나 다름없다.

이렇게 철저한 거짓을 받아들이려면 이성을 전적으로 포기하는 수밖에 없다. 클렘퍼러는 1933년 독일에서 마술적 사고의 문제를 두고 논쟁을 벌이다 친구들을 잃은 일을 설명하는데, 이는 지금에도 섬뜩할 정도로 잘 들어맞는다. 과거에 그가 가르쳤던 학생들 중 한 명은 이렇게 간청했다. 「선생님의 감정에 몸을 내맡기세요. 지금 느끼는 불쾌함이 아니라 늘 총통의 위대함에 집중해야 합니다.」 그로부터 12년이 지나 온갖 잔혹 행위를 저지른 독일이 전쟁에서 졌다는 것이 명백해졌을 무렵, 절단 수술을 받은 한 상이군인이 클렘퍼러에게 이렇게 말했다. 「히틀러는 여태 거짓말한 적이 없습니다. 전 히틀러를 믿어요.」

마지막 방식은 부적절한 믿음이다. 여기에 〈나만이 문제를 해결할 수 있다〉거나 〈내가 당신들의 대변자다〉 같은 트럼프의 말, 즉 스스로를 신격화하는 주장이 포함된다. 이런 식으로 믿음이 하늘에서 지상으로 내려오게 되면, 개인의 분별력과 경험에서 나온 작은 진실들은 설 자리를 잃게 된다. 클렘퍼러는 지상으로 내려온 믿음이 영구히 계속될 것처럼 보인다는 데 두려움을 느꼈다. 사실이 아니라 신탁이 진실이 되어 버리면, 증거는 아무 의미가 없다. 전쟁이 끝나갈 무렵에, 어느 노동자는 클렘퍼러에게 이렇게 말했다. 「이해하려는 건 부질없는 짓입니다. 믿음을 가져야 해요. 저는 총통을 믿습니다.」

루마니아의 위대한 극작가 에우젠 이오네스쿠는 1930년대에 친구들이 잇달아 파시즘의 언어 속으로 빠져드는 것을 지켜보았다. 이 경험을 바탕으로 그는 1959년에 부조리극 「코뿔소」를 쓰게 되는데, 이 작품에서 선전의 먹잇감이 된 자들은 뿔이 달린 거대한 짐승으로 변한다. 자신의 개인적인 경험에 관하여 이오네스쿠는 이렇게 썼다.

> 대학교 교수들과 학생들, 지식인들이 잇달아서 나치로 바뀌고, 철위대 대원이 되어 갔다. 처음에, 그들은 분명히 나치가 아니었다. 열다섯 명 정도가 모여 서로 얘기를 하며 그들에 맞설 논리를 찾으려 했다. 쉽지 않았다. …… 이따금 한 친구가 〈나는 분명히 그들 생각에 동의하지 않아, 하지만 그렇더라도 몇 가지 점에선

> 인정할 수밖에 없어, 이를테면 유대인은……〉 같은 얘기를 했다. 그리고 이것은 하나의 징후였다. 3주 뒤, 이 사람은 나치가 되었다. 그는 나치의 메커니즘에 사로잡혔고, 모든 것을 받아들였으며, 코뿔소가 되었다. 끝까지 저항한 사람은 서넛밖에 되지 않았다.

이오네스쿠의 목적은 선전이 실제로 얼마나 기괴한지, 그렇지만 굴복한 자들에게는 그것이 얼마나 정상적으로 보이는지를 우리가 볼 수 있게 하는 것이었다. 코뿔소라는 우스꽝스러운 이미지를 통해, 이오네스쿠는 사람들에게 충격을 주어 실제로 일어나고 있는 일들이 얼마나 이상한지 알아채게 하려 했다.

코뿔소들이 우리의 신경학적 초원을 어슬렁거리고 있다. 이제 우리는 우리가 이른바 〈탈(脫)진실〉▼에 얼마나 관심이 많은지 깨닫고, 일상의 사실들을 경멸하고 대안적 현실을 만들어 내는 탈진실이 새로운 것 또는 포스트모던한 것이라고 생각하려고 한다. 조지 오웰은 이미 70년 전

▼ post-truth. 객관적 사실보다 개인의 신념이나 감정이 여론 형성에 더 큰 영향을 미치는 상황을 가리키는 말. 이러한 상황에서 사람들은 객관적 사실이 아니라 자신이 믿고 싶은 것을 믿는다. 2016년 옥스퍼드 사전은 이 낱말을 올해의 낱말로 선정한 바 있다.

에 〈이중 사고〉[▼]라는 개념으로 이 현상을 설명한 바 있다. 이러한 철학 속에서, 탈진실은 정확히 진실에 대한 파시스트적 태도를 복원한다. 그렇기 때문에 클렘퍼러와 이오네스쿠는 오늘날 우리가 살고 있는 세상을 보더라도 전혀 놀라지 않을 것이다.

파시스트들은 일상생활의 작은 진실들을 경멸했고, 새로운 종교처럼 울려 퍼지는 구호들을 사랑했으며, 역사나 비판적 언론보다 창조적 신화를 더 좋아했다. 파시스트들은 당시에는 새로운 미디어였던 라디오를 이용해, 사람들이 미처 사실을 확인하기도 전에 감정을 불러일으키는 선전의 북소리를 만들어 냈다. 그리고 그때처럼 오늘날 많은 사람들이 결함 많은 지도자에 대한 믿음과 우리가 공유하는 세상에 대한 진실을 혼동했다.

탈진실은 파시즘의 전단계이다.

▼doublethink. 모순되는 두 가지 생각을 동시에 갖는 것.

11

직접 조사하라

세상을 스스로의 힘으로 이해하라.

긴 기사를 더 많이 읽어라.

인쇄 매체를 구독해 탐사 저널리즘을 지원하라.

인터넷에 있는 것들 중 일부는 우리에게 해롭다는 걸 인식하라. 선전 활동의 실체를 밝히는 웹사이트에서 정보를 습득하라 (일부 선전은 외국에서 들어온다).

다른 사람과 나눈 이야기에 책임을 져라.

〈진실이 뭡니까?〉 때때로 사람들은 행동하고 싶지 않아서 그냥 질문을 던진다. 냉소주의는 우리를 세상 물정에 밝고 유연한 사람처럼 느끼게 만든다. 동료 시민들과 마찬가지로 무관심의 늪으로 굴러떨어지는 순간에도 말이다. 사실을 분별하는 능력은 비로소 당신을 하나의 개인으로 우뚝 세운다. 그리고 공동의 지식에 대해 모두가 신뢰를 보낼 때 비로소 우리는 하나의 사회를 이루게 된다. 진실을 조사하는 개인은 사회를 건설하는 시민이며, 그러한 개인을 싫어하는 지도자는 잠재적 독재자다.

선거 운동 기간 동안 트럼프 대통령은 러시아의 선전에 의거해 미국 〈언론은 믿을 수 없을 정도로 부정직하다〉고 주장했다. 그는 많은 기자들을 자신의 집회에 들어오지 못하게 막았으며, 주기적으로 기자에 대한 대중의 혐오를 부추겼다. 권위주의 체제의 지도자들처럼, 그는 비판을 막는 법률을 만들어 언론의 자유를 억누르겠다고 약속했다. 히틀러와 마찬가지로, 트럼프는 〈거짓말〉이라는 단어를 자기 마음에 들지 않는 사실이 언급되는 것을 가리키는 데 썼다. 그리고 언론을 자신에 반대하는 일종의 운동이라고 말했다. 반면 그가 수많은 사람들에게 전달한 틀린 정보의 원천이었던 인터넷에는 한결 우호적이었다.

1971년, 미국에서 횡행하던 베트남 전쟁 관련 거짓말들을 고민하던 정치 이론가 해나 아렌트는 자유로운 사회에서 사실에는 거짓을 극복할 힘이 내재되어 있다고 안도하며 이렇게 말했다. 〈정상적인 상황이라면 거짓말쟁이는 현실에 무너진다. 현실을 대체할 수 있는 것은 아무것도 없기 때문이다. 노련한 거짓말쟁이가 펼치는 거짓의 장막이 아무리 크더라도, 설사 컴퓨터의 도움을 받더라도, 결코 사실의 거대함을 덮을 만큼 클 수는 없을 것이다.〉 여기서 컴퓨터에 관한 부분은 이제 진실이 아니다. 2016년 대통령 선거에서, 2차원 인터넷 세계는 인간이 직접 접촉하는 3차원 세계보다 더 중요했다. 미국 시민들은 집집마다 들러 유세를 하러 다니는 사람들에게 놀란 낯빛을 보이며 짜증을 냈다. 페이스북으로 정치적 견해를 드러내는 게 아니라, 살아 있는 낯선 사람과 이야기를 나눠야 한다는 게 참기 어려웠기 때문이다. 2차원 인터넷 세계에는 대낮의 햇빛 아래서는 보이지 않는 새로운 집단들이 생겨났다. 이들은 조작에 힘입어 탄생한 새로운 세계관을 가진 종족들이다(맞다. 하나의 음모를 인터넷으로 찾을 수 있다. 우리를 인터넷에 붙들어 두고 계속해서 다른 음모들을 찾게 하는 음모 말이다).

우리에겐 인쇄 매체에서 일하는 기자들이 필요하다. 그래야 종이 위에 그리고 우리의 마음속에 이야기가 펼쳐질 수 있다. 예를 들어, 한 나라의 대통령이 여성은 〈가정〉을 지켜야 한다고, 임신은 〈불편하다〉고, 아이 엄마는 직장에서 〈100퍼센트〉 능력을 발휘할 수 없다고, 낙태한 여성을 처벌해야 한다고, 여성은 〈얼간이〉, 〈돼지〉, 〈개〉라고, 그리고 여성들에게 성폭행을 가해도 된다고 말하는 것은 무슨 뜻인가? 대통령이 운영하던 회사 중 여섯 개가 파산을 했고, 그의 기업들에 러시아와 카자흐스탄의 법인들로부터 의심스러운 현금이 유입되었다는 것은 무슨 뜻인가? 우리는 여러 매체들을 통해 이러한 일들을 알 수 있다. 그러나 모니터에서 이러한 일들을 접하게 되면, 우리는 쇼의 논리에 빠지기 쉽다. 추문을 하나 알게 되면, 다른 추문도 알고 싶은 게 인지상정이다. 현실에 관해 생각하고 있는 게 아니라 리얼리티 쇼를 보고 있는 거라고 무의식중에 받아들이게 되면, 화면에서 무엇이 나오더라도 실제로 대통령에게는 아무런 정치적 타격을 입히지 못한다. 리얼리티 쇼는 회를 거듭할수록 더 극적인 장면을 보여 주어야 한다. 블라디미르 푸틴이 박수를 치는 가운데 트럼프 대통령이 카자흐 민속춤을 추는 비디오를 보게 된다면, 우리는 아마도 그에게 다음번엔 곰 가죽을 뒤집어쓰고 루블화를 입에 물고 춤을 춰 보라고 요구할 것이다.

인쇄 매체의 훌륭한 기자들은 우리로 하여금 의미를 곱씹게 한다. 그들이 아니라면 그저 의미 없는 정보 조각들에 불과했을 일들이 우리 자신에게 그리고 우리의 나라에 무슨 의미를 가지는지 곱씹게 한다. 기사를 퍼나르기는 쉽지만, 조사하고 글을 쓰는 것은 시간과 돈이 드는 고된 일이다. 〈주류 언론〉이라고 조롱하기 전에, 이제 더는 인쇄 매체가 주류가 아니라는 사실에 주목할 필요가 있다. 이제는 조롱이 주류이자 손쉬운 일이 되었고, 실제 언론은 불안하고 고된 일이 되었다. 그러니 현실의 일과 관련하여 적절한 기사를 직접 써보라. 여행을 하고, 사람들과 이야기를 나누고, 정보 제공자와 관계를 유지하고, 기록을 찾아보고, 모든 것을 확인하고, 원고를 쓰고 고쳐라. 모든 것을 철저히 빠듯한 일정으로 해 보라. 이런 일을 하는 게 마음에 든다면, 블로그를 만들어 보라. 동시에 생계를 위해 그 모든 일을 하는 사람들을 신뢰하라. 기자는 완벽하지 않다. 다른 직업에 종사하는 사람보다 조금도 더 완벽하지 않다. 그러나 언론 윤리를 고수하는 자들의 글은 그렇지 않은 자들의 글과 질적으로 다르다.

우리는 배관공이나 정비사에게 비용을 지불하는 것을 당연하게 여기면서도 뉴스는 공짜로 보기를 원한다. 배관 작업이나 자동차 수리비를 지불하지 않으면, 우리는 물을 마시거나 자동차를 운전할 기대를 접어야 한다. 그런데 왜 우리는 아무런 투자도 하지 않고 정치적 견해를 형성하려고 하는가? 대가를 지불해야만 얻는 것이 있다.

우리가 정말로 사실을 추구한다면, 인터넷은 그것을 전달하는 데 있어서 놀라운 힘을 준다. 여기서 인용한 권위자들에게는 이와 같은 수단이 전혀 없었다. 이 책의 제사(題詞)로 인용한 위대한 폴란드 철학자이자 역사가인 레셰크 코와코프스키는 공산주의 정권이 듣기 싫어하는 애기를 하다가 바르샤바 대학교의 교수직에서 쫓겨났고 출판의 자유를 잃었다. 해나 아렌트에게서 빌려 온 이 책의 첫 인용문은 잔혹한 나치 정권을 피해 도망친 사람의 놀라운 업적인 소책자 『우리는 난민이다』에서 따온 것이다. 오늘날 크게 존경받는 빅토르 클렘퍼러 같은 훌륭한 인간은 나치 치하에서도 비밀 일기를 쓰는 것을 결코 포기하지 않았기 때문에 사람들에게 기억된다. 그에게 일기는 살아갈 힘이었다. 〈일기는 나의 지팡이였다. 일기가 없었더라면 나는 수없이 넘어졌을 것이다.〉 1970년대 공산주의 반체제 인사들 가운데 가장 중요한 사상가인 바츨라프 하벨은 자신이 쓴 가장 중요한 글 「무력한 자들의 권력」을 체코슬로바키아 공산당 비밀경찰로부터 심문을 받고 사망한 철학자에게 바쳤다. 공산주의 체코슬로바키아에서 이 글은 당시 동유럽인들이 러시아 반체제 인사들을 따라 〈사미즈다트(지하 출판물)〉로 불렀던 소수의 사본으로 불법적으로 유포되어야 했다.

하벨은 이렇게 썼다. 〈체제의 주류가 거짓된 삶을 살고 있다면, 그 거짓 삶을 근본적으로 위협하는 것이 진실한 삶이라는 것은 놀라운 일이 아니다.〉 인터넷 시대에는 우리 모두가 출판인이기 때문에, 우리 각자는 대중의 진실 관념에 어느 정도 책임이 있다. 우리가 진지하게 사실을 추구한다면, 우리 각자는 인터넷의 작동 방식에 작은 혁

명들을 일으킬 수 있다. 스스로 정보의 진위를 확인한다면, 다른 사람들에게 가짜 뉴스를 보내는 일은 없을 것이다. 믿을 만한 기자들의 보도를 따른다면, 그들이 알아낸 것을 다른 사람들에게 전달할 수 있다. 보도 규약을 따르는 사람들의 글만 리트윗한다면, 봇bot이나 트롤troll▼을 하느라 정신의 품격을 떨어뜨릴 가능성은 적다.

거짓을 퍼뜨림으로써 상처 입는 사람들을 직접 보지 않았다고 해서, 그것이 우리가 아무에게도 해를 끼치지 않았다는 뜻은 아니다. 자동차 운전을 생각해 보자. 우리는 다른 운전자를 보지 못하지만, 우리가 그의 차를 들이받지 않으리라는 것을 안다. 사고가 나면 둘 다 피해를 입게 된다는 것도 안다. 우리는 만나본 적이 없는 타인을 하루에도 수십 번씩 보호한다. 이와 마찬가지로 우리는 컴퓨터 앞에 앉아 있는 다른 사람들을 보지 못하지만, 그 사람이 컴퓨터 앞에 앉아 읽고 있는 것에 대해 책임을 공유한다. 우리가 인터넷상의 보이지 않는 다른 사람들의 정신에 폭력을 가하지 않을 수 있다면, 다른 사람들도 그렇게 할 수 있을 것이다. 그렇게 된다면 아마도 우리의

▼특정 정보를 탐색하여 자동적으로 내용을 수정하거나 반복적으로 정보를 올리는 소프트웨어, 또는 그러한 행위.

인터넷 소통이 유혈이 낭자한 대형 사고처럼 보이는 일은 없게 될 것이다.

12

시선을 마주하고 작은 대화를 나누어라

단순히 예의 바르게 처신하라는 말이 아니다.

이는 한 사회의 시민이요 책임 있는 구성원이 되는

과정의 일부다. 또한 당신을 둘러싼 사람들과

교류하고, 사회적 장벽을 허물며,

누구를 신뢰하고 신뢰하지 말아야 하는지를

아는 방법이기도 하다. 비난의 문화 속에서,

우리는 우리 일상의 정신적 풍경이

어떤 모습인지 돌아보고 싶을 것이다.

20세기 유럽에서, 폭압적인 정권들은 각기 다른 시기와 장소에서 등장했다. 그러나 그 희생자들의 기억에는 모두 애정 어린 순간이 하나쯤은 있다. 1920년대 파시스트 이탈리아에 관한 기억이든, 1930년대 나치 독일에 관한 기억이든, 1937~1938년 대숙청 시기 소련에 관한 기억이든, 1940년대와 1950년대 동유럽 공산 국가의 숙청에 관한 기억이든, 억압의 공포 속에서 살았던 사람들은 이웃들이 자신을 어떻게 대했는지를 기억했다. 한 번의 미소, 한 번의 악수, 한 번의 인사 — 정상적인 상황이라면 진부하게 느껴졌을 제스처 — 가 엄청난 의미를 띠었다. 친구와 동료, 지인 들이 마주치지 않으려고 시선을 돌리거나 거리를 가로질러 건너갈 때, 두려움은 커졌다. 오늘이나 내일, 미국에서 누가 위협을 느끼게 될지 우리는 확신할 수 없을 것이다. 그러나 우리가 모두를 지지한다면, 누군가는 한결 기분이 나아질 거라고 자신할 수 있다.

가장 위험했던 시기에 탈출해서 살아남은 자들은 대개 자신이 신뢰할 수 있는 사람이 누구인지 안다. 오랜 친구를 갖는 것은 최후의 보루를 구축하는 정치적 행위다. 새로운 친구를 만드는 것은 변화를 향한 첫걸음이다.

13

몸의
정치를
실천하라

권력은 우리의 몸이 의자에 파묻혀 나약해지기를,

우리의 감정이 스크린 속에서 허비되기를 원한다.

밖으로 나가라.

당신의 몸을 낯선 장소에,

낯선 사람들과 함께 있게 하라.

새로운 친구를 사귀고 함께 전진하라.

저항이 성공하려면 두 가지 한계를 넘어야 한다. 첫째, 변화의 아이디어는 전적으로 의견이 일치하지는 않는 다양한 배경의 사람들을 참여시켜야 한다. 둘째, 우리는 홈그라운드를 떠나 이전에 친구가 아니었던 사람들 속으로 들어가야 한다. 항의는 소셜 미디어를 통해 조직될 수도 있지만, 결국 거리에서 결실을 맺지 않는 어떤 항의도 현실이 되지 않는다. 독재자들이 자신들이 한 짓이 초래한 결과를 3차원 세계에서 느끼지 못한다면, 아무것도 변하지 않을 것이다.

공산주의에 맞선 저항의 한 가지 성공 사례는 노동자와 전문 직업인, 로마 가톨릭교도, 세속 단체들의 동맹이었던 1980~1981년 폴란드의 솔리다르노시치 노동 운동이다. 이 운동의 지도자들은 공산주의 체제에서 쓰라린 교훈을 얻었다. 1968년, 폴란드 정권은 노동자들을 동원해 항의하는 학생들을 막았다. 1970년, 발트 해 연안의 그단스크에서 파업이 유혈 진압되었을 때 이번엔 노동자들이 고립감을 느꼈다. 그러나 1976년 지식인들과 전문 직업인들이 정부에게 공격당한 노동자들을 돕기 위해 단체를 결성했다. 이런 일이 아니라면 결코 뭉칠 일이 없는 사람들, 즉 우파와 좌파, 신자와 무신론자들이 합심하여 만든 이 단체는 노동자들의 신뢰를 얻었다.

1980년에 발트 해 연안의 폴란드 노동자들이 다시 파업을 벌였을 때, 변호사와 학자 그리고 그 밖의 많은 이들이 합세해 노동자들이 자신들의 대의를 주장할 수 있도록 도왔다. 그 결과 자유 노조가 탄생했고, 정부는 인권을 보호하겠다고 약속했다. 솔리다르노시치가 합법적인 단체로 활동을 벌인 16개월 동안, 1천만 명이 노조원으로 가입했고, 파업과 행진, 시위를 하는 중에 수없이 많은 새로운 우정이 생겨났다. 1981년 폴란드 공산당 정권은 계엄령을 선포해 솔리다르노시치 운동을 억압했다. 그러나 그로부터 8년이 지난 1989년, 협상 파트너가 필요했던 공산주의자들은 결국 솔리다르노시치에 의지해야 했다. 솔리다르노시치 노동조합은 선거를 실시해야 한다고 주장했고, 결국 이를 얻어냈다. 폴란드와 동유럽, 소련에서 일어난 공산주의의 몰락은 바로 여기서 시작되었다.

공적 영역에 참여하고자 하는 선택은 사적 영역의 유지가 가능한가에 달려 있다. 우리를 드러내 보일 때와 드러내지 않을 때를 우리 스스로 결정할 수 있을 때, 우리는 비로소 자유로워진다.

14

사생활을 지켜라

비열한 통치자일수록 우리를 마음대로 다루기

위해 그들이 우리에 대해 아는 것을 이용할 것이다.

컴퓨터에서 정기적으로 악성 소프트웨어를 없애라.

이메일은 비행기로 하늘에 글씨를 쓰는 것이나

다름없음을 기억하라.

인터넷을 대체할 것을 찾거나 줄이는 것을

고려하라. 사람들과 직접 교류하라.

같은 이유에서, 법적 분쟁을 해소하라.

폭압적 통치자는 당신을 얽어맬 고리를 찾고 있다.

걸려들 빌미를 주지 말라.

위대한 정치사상가 해나 아렌트가 〈전체주의〉라는 표현을 썼을 때, 그것이 의미한 바는 전능한 국가가 아니었다. 그것은 사적 영역과 공적 영역 사이의 차이가 소멸되는 것을 뜻했다. 우리는 사람들이 우리에 대해 알아야 할 것과 그것을 알게 되는 방식에 통제력을 행사할 수 있을 때 자유롭다. 2016년 미국 대통령 선거 운동 중에 미국인들은 부지불식간에 전체주의를 향해 한 걸음을 내딛었다. 전자 사생활electronic privacy 침해를 정상적인 것으로 받아들인 것이다. 개인적인 통신 내용을 탈취하고, 공론화하고, 공표하는 것은, 그것을 행한 것이 미국 정보기관이든 러시아 정보기관이든 아니면 다른 어떤 기관이든, 인권의 기본적인 토대를 파괴한다. 사람들이 무엇을 언제 읽을 수 있는지에 대해 아무런 제약도 없다면, 우리는 현재의 동력도 미래를 계획할 능력도 잃게 된다. 누구든 우리의 사생활을 엿볼 수 있는 자는 마음대로 우리를 욕보이고 우리의 인간관계를 망칠 수 있다. (독재자를 제외한) 그 누구도 적의에 찬 명령으로 사생활이 노출되고도 온전한 삶을 누리기는 불가능하다.

2016년 대통령 선거 기간에 때맞춰 투하된 이메일 폭탄도 일종의 강력한 허위 정보였다. 특정 상황에서 쓴 말은 오로지 그 맥락에서만 의미가 있다. 말을 그 역사적 순간에서 떼어 내 다른 순간에 집어넣는 행위 자체가 곧 왜곡이다. 더욱 나쁜 것은 대중 매체가 이를 마치 뉴스인 것처럼 다루면서 언론 고유의 사명을 저버렸다는 사실이다. 사람들이 특정한 때에 왜 그렇게 말하고 썼는지 설명하려 애쓰는 기자는 거의 없었다. 동시에 대중 매체는 뉴스라는 미명으로 사생활 침해 자체를 전파하는 동안, 그 날 벌어진 진정한 사건들은 주목하지 못했다. 기본권의 침해에 관해 보도하기는커녕, 우리의 대중 매체는 대체로 타인에 대한 본질적으로 추잡한 관심에 무분별하게 탐닉하는 데 열중했다.

아렌트는 비밀을 알고자 하는 우리의 욕망이 위험스러울 정도로 정치적이라고 생각했다. 전체주의는 공과 사의 차이를 없애 개인의 자유를 박탈할 뿐 아니라, 사회 전체를 정상 정치에서 끌어내 음모 이론으로 몰아간다. 우리는 사실을 밝히고 이해를 이끌어 내는 대신, 무엇이든 설명하는 숨겨진 진실과 검은 음모 같은 관념에 이끌린다. 이메일 폭탄에서 알 수 있듯이, 이런 메커니즘은 그렇게 드러난 것이 전혀 흥미롭지 않을 때에도 작동한다. 폭로 그 자체가 이야기가 된다. (이 점에서 뉴스 매체가 이를테면 패션 기자나 스포츠 기자보다 더 나쁘다는 것은 충격적이다. 패션 기자는 모델이 탈의실에서 옷을 벗는다는 사실을 알고, 스포츠 기자는 운동선수들이 라커룸에서 샤워를 한다는 사실을 안다. 하지만 자신들이 다루어야 할 주제들을 한쪽으로 밀치고 이런 사적인 문제를 기사화하려는 기자들은 없다.)

독재자들과 스파이들이 선택한, 당면한 문제들에 비춰 적절성이 의심스러운 문제들에 우리가 적극적으로 관심을 보일 때, 우리는 우리의 정치 질서를 때려 부수는 데 동참하는 것이다. 물론 우리는 우리가 그저 다른 모든 사람들을 따라가는 것 이상도 이하도 아니라고 생각할 수 있다. 맞는 말이다 — 그리고 바로 이것이 아렌트가 설명한, 사회로부터 〈군중〉으로의 권력 이양이다. 우리는 이 문제를 개별적으로, 즉 우리의 컴퓨터 보안을 강화함으로써 해결하려고 할 수 있다. 또한 우리는 이 문제를 집단적으로, 예컨대 인권에 관심을 가진 단체들을 지지하고 후원함으로써 해결하려 할 수도 있다.

15

대의에
기여하라

자신의 인생관을 나타낼 수 있는 단체에서

활동하라. 굳이 정치적인 단체일 필요는 없다.

자선 단체 한두 개를 골라

후원금 자동 이체를 신청하라.

그럼으로써 우리는 시민 사회를 지원하고

다른 이들의 선행을 돕는 선택의 자유를

행사하는 것이다.

다른 이들의 선행을 돕고 있다고 느끼는 것은 그 과정이 어떠하든 흐뭇한 일이다. 우리 중 많은 사람들은 H. W. 부시 전 대통령이 〈천 개의 불빛〉이라고 말한 거대한 자선 활동 네트워크 중 일부를 지원할 여력이 있다. 그 천 개의 불빛은 해질 무렵의 별들처럼 어두워 가는 하늘에서 가장 잘 보인다.

자유에 관해 생각할 때, 우리는 보통 일개 개인과 강력한 힘을 가진 정부 사이의 다툼을 떠올린다. 우리는 개인에게 권한이 부여되어야 하고, 정부가 간섭하지 말아야 한다고 판단하는 경향이 있다. 다 좋다. 그러나 자유의 한 가지 요소는 누구와 함께할지를 선택하는 것이다. 또 자유를 방어하는 수단 가운데 하나는 구성원을 유지하기 위한 집단 활동이다. 이것이 우리가 우리의 친구, 우리의 가족에 이익이 되는 활동에 참여해야 하는 이유다. 이러한 활동이 명시적으로 정치적일 필요는 없다. 이를테면, 체코의 반체제 사상가였던 바츨라프 하벨은 좋은 맥주를

빛는 예를 들었다.

이러한 활동에 자부심을 갖고, 자부심을 공유하는 다른 사람들을 알아 가는 것은, 그 자체로 시민 사회를 구축하는 데 기여하는 것이다. 공동의 프로젝트를 같이하다 보면, 우리는 친구와 가족이라는 좁은 범주를 벗어나 다른 사람들을 신뢰할 수 있음을 배우게 되고, 우리에게 가르침을 줄 수 있는 권위자를 발견하게 된다. 신뢰와 학습의 능력은 삶을 덜 혼란스럽게, 덜 모호하게 보이도록 한다. 나아가 민주주의 정치를 더 타당하게 더 매력적으로 볼 수 있게 한다.

공산주의에 반대한 동유럽의 반체제 인사들은 지금의 우리보다 더욱 극단적인 상황에 처했을 때, 겉으로 보기에 비정치적인 사회 활동을 자유의 표현이자 안전장치로 생각했다. 그들은 옳았다. 20세기에 자유의 모든 주요한 적들은 비정부 기구와 자선 단체 등에 적대적이었다. 공산주의자들은 그 모든 단체들을 정식으로 등록하도록 요구했고, 통제받는 기관으로 바꿔 놓았다. 파시스트들은 이른바 〈코퍼러티즘〉 제도를 만들었다. 이 제도 아래서, 모든 인간 활동은 고유의 위치를 가졌고 일당 국가에 종속되었다. (인도와 터키, 러시아의) 오늘날의 권위주의자들

또한 자유로운 결사나 비정부 기구 같은 관념에 심한 알레르기 반응을 보인다.

16

다른 나라의 동료들로부터 배우라

우정을 넓히고, 새로운 외국 친구를 만들라.

현재 미국의 곤경은 더 큰 추세의 일부이다.

어떤 나라도 혼자 힘으로 해법을 찾을 수 없다.

자신과 가족의 여권을 만들어라.

트럼프 대통령이 선출되기 한 해 전에, 미국의 언론들은 그의 선거 운동을 자주 잘못 이해했다. 그가 연이어 장애물들을 극복하고 승리를 거듭하는 동안에도, 전문가들은 그가 다음 단계에서는 미국의 훌륭한 제도나 다른 장애물에 가로막힐 거라고 장담했다. 한편 이들과 다른 입장을 취하는 일단의 관찰자들이 있었다. 동유럽인들과 동유럽을 연구하는 학자들이 바로 그들이다. 그들에게는 트럼프의 선거 운동이 여러 점에서 낯설지 않았고, 그래서 최종 결과를 보고서도 전혀 놀라지 않았다. 미국 중서부의 분위기가 심상치 않음을 눈치 챈 우크라이나와 러시아의 기자들은 오랜 정치 분석 경력을 가진 미국의 여론 조사 기관들보다 더 현실적인 진단을 내렸다.

우크라이나인들이 보기에, 미국인들은 사이버 전쟁과 가짜 뉴스의 명백한 위협에 우스꽝스러울 정도로 더디게 반응하는 것 같았다. 2013년 러시아가 우크라이나를 대상으로 선전 활동을 벌였을 때, 젊은 우크라이나 기자들과 여러 사람들은 허위 정보를 폭로하는 운동을 통해 즉각적이고 단호하게, 때로는 익살스럽게 대처했다. 러시아는 훗날 미국에 썼던 수법 중 여러 가지를 이미 우크라이나에서 써먹은 바 있었다. 2014년 우크라이나 군대가 어린 소년을 십자가에 못 박았다고 러시아 언론이 거짓으로 주장했을 때, 우크라이나인들이 보인 반응은 신속하고 효과적이었다(적어도 우크라이나 안에서는 그랬다). 2016년 러시아 언론이 〈결정 피로증decision fatigue〉(이는 질병이 아니다) 기사를 언급한 힐러리 클린턴의 이메일을 빌미로 그녀가 아프다는 이야기를 퍼뜨렸을 때, 미국인들은 그걸 퍼 나르기 바빴다. 우크라이나인들은 이겼고, 미국인들은 졌다. 러시아가 이웃 나라에서는 자신이 원하는 정권을 세우는 데 실패했지만, 미국에서는 선호하는 후보의 승리를 지켜봤다는 점에서 그렇다. 여기서 잠시 생각해 봐야 한다. 한때 서에서 동으로 내달리는 것 같았던 역사는, 지금은 동에서 서로 움직이는 듯 보인다. 지금 여기서 벌어지는 모든 일들이, 동구에서 먼저 일어나는 것처럼 보인다.

미국인 대다수가 여권이 없다는 사실은 미국의 민주주

의에 문제가 되어 왔다. 때로 미국인들은 여행 허가서가 필요하지 않다고 말한다. 미국에서 자유를 지키다가 죽기를 바라기 때문이란다. 좋은 말이다. 하지만 이들은 중요한 점을 놓치고 있다. 싸움은 아주 길 것이다. 싸움에 희생이 필요한 것은 맞지만, 그보다 먼저 우리는 우리를 둘러싼 세계를 알아야 한다. 우리가 무엇에 저항하고 있는지, 최선의 방법은 무엇인지 알기 위해서다. 따라서 여권을 갖는 것은 굴복의 표시가 아니다. 오히려 여권은 새로운 경험을 가능하게 함으로써 우리를 자유롭게 한다. 여권은 우리로 하여금 다른 사람들이, 때로 우리보다 더 현명한 사람들이 유사한 문제들에 어떻게 대처하는지 알 수 있게 한다. 지난해 미국에서 일어난 일들 대부분은 세계의 다른 나라들에서, 또는 최근의 역사에서 유사한 사례를 찾을 수 있다. 우리는 이에 눈과 귀를 기울여야 한다.

17

위험한 날말을 경계하라

〈극단주의〉나 〈테러리즘〉이라는

말이 사용된다면 경계하라.

〈비상사태〉나 〈예외〉라는

치명적인 관념에 민감하라.

애국적인 용어를 기만적으로 사용하는 데 분노하라.

가장 지적인 나치였던 법률 이론가 카를 슈미트는 파시즘 거버넌스의 본질을 명료한 언어로 설명했다. 그의 설명에 따르면, 모든 규칙을 파괴하는 방법은 〈예외〉라는 개념에 초점을 맞추는 것이다. 나치 지도자는 지금 이 순간이 예외적이라는 보편적인 확신을 만들어 낸 다음, 그러한 예외적인 상황을 영구적인 비상사태로 전환함으로써 적들을 제압한다. 그렇게 되면 시민들은 진짜 자유와 가짜 안전을 맞바꾼다.

오늘날 정치인들이 〈테러리즘〉을 들먹일 때, 물론 그들은 실제의 위험을 이야기하는 것이다. 그러나 그들이 안전의 이름으로 자유를 포기하도록 몰아가려 할 때, 우리는 조심해야 한다. 자유와 안전을 맞바꾸는 건 전혀 불필요한 거래다. 경우에 따라 하나를 얻으려면 다른 하나를 잃어야 하지만, 그렇지 않은 경우도 있다. 자유를 대가로 치러야만 안전을 얻을 수 있다고 단언하는 자들은 대개 자유도 안전도 줄 생각이 없다.

당신은 더 안전해지지도 않는데 자유만 확실히 양보하게 될 수 있다. 권위에 복종하면 편안한 느낌이 들 수도 있지만, 그 편안함이 실제 안전은 아니다. 마찬가지로, 작은 자유는 불안한 느낌을 줄 수 있지만, 이 일시적인 불안이 위험은 아니다. 자유와 안전을 둘 다 동시에 희생시키는 상황을 상상하기는 어렵지 않다. 파시스트와 모욕적인 관계를 맺거나 파시스트를 위해 투표하면 자유와 안전을 한꺼번에 잃는다. 마찬가지로, 자유와 안전을 둘 다 동시에 증진하는 선택을 떠올리기도 전혀 어렵지 않다. 파시즘 국가와 맺은 모욕적 관계를 청산하거나 파시즘 국가에서 벗어나 다른 곳으로 이주하면 된다. 자유와 안전을 둘 다 증진하는 것이 정부의 일이다.

〈극단주의〉라는 낱말은 확실히 좋게 들리지 않고, 정부들은 종종 한 문장에서 테러리즘이라는 낱말을 같이 씀으로써 이 낱말의 어감을 더욱 나쁘게 만들려고 애쓴다. 그러나 그 낱말 자체는 아무런 의미가 없다. 극단주의라는 주의는 없다. 독재자들이 〈극단주의자〉들에 대해 말할 때, 그것은 단지 주류에 속하지 않는 사람들을 가리킬 뿐이다. 독재자들은 바로 그 특정한 순간에 스스로를 주류로 규정한다. 20세기의 반체제 인사들은 그들이 저항한 것이 파시즘이었든 공산주의였든, 모두 극단주의자로 불렸다. 러시아와 같은 현대의 권위주의 체제들은 그들의 정책을 비판하는 자들을 처벌하기 위해 극단주의에 관한 법률을 이용한다. 이런 식으로 극단주의라는 관념은 사실상 진정으로 극단적인 것, 즉 폭정을 제외한 모든 것을 의미하게 된다.

18

상상할 수 없는 일들이 벌어지더라도 침착하라

현대의 폭정은 테러 경영이다.

테러리스트들이 공격해 올 경우,

권위주의자들이 권력을 강화하기 위해

그러한 사건들을 이용한다는 것을 기억하라.

갑작스럽게 닥친 재앙이 견제와 균형를 끝장내고,

야당을 해산시키고, 표현의 자유와

공정 재판의 권리를 중단시킨다.

이것이 히틀러의 책에 나오는

가장 고전적인 술수이다. 속지 말라.

제국의회 의사당 방화 사건은 기본적으로 민주적 방법으로 권력을 잡은 히틀러 정권이 포악한 나치 정권으로 항구적으로 바뀌는 계기였다. 그 사건은 테러 경영의 전형이었다.

1933년 2월 27일 오후 9시경, 독일 의회 건물인 제국의회 의사당이 불타오르기 시작했다. 누가 그날 밤 베를린에서 불을 질렀을까? 모른다. 그리고 그건 진정으로 중요한 문제도 아니다. 중요한 것은 이 극적인 테러 행위가 비상사태의 정치학을 촉발했다는 점이다. 그날 밤 즐거운 마음으로 화염을 지켜보던 히틀러는 이렇게 말했다. 〈이 화재는 단지 시작일 뿐이다.〉 나치가 방화한 것이든 아니든 간에, 히틀러는 여기서 정치적 기회를 포착했다. 〈이제 자비는 없을 것이다. 우리 길을 막아서는 자는 누구든 때려눕힐 것이다.〉 이튿날 발포된 법령은 모든 독일 시민의 기본권을 정지시켰다. 누구든지 경찰에 의해 〈예방적 구금〉에 처해질 수 있었다. 의사당 화재가 독일의 적들이 저지른 짓이라는 히틀러의 주장에 힘입어, 나치당은 3월 5일 의회 선거에서 결정적인 승리를 거두었다. 경찰과 나치의 준군사 단체들은 좌파 정당들의 당원들을 일제 검거하여 임시 수용소에 구금했다. 3월 23일 새로운 의회는 히틀러의 명령 통치를 가능하게 한 〈수권법〉을 통과시켰다. 이후 독일은 제2차 세계 대전이 끝날 때까지 12년간 비상사태 상태였다. 히틀러는 애초에 별다른 의미가 없는 테러 사건을 이용하여 테러 정권을 수립했고, 수백만 명을 학살하고 세상을 바꿔 놓았다.

오늘날의 권위주의자들도 역시 테러 경영자이다. 과거의 권위주의자들과 비교하자면 한층 더 창의적인 테러 경영자이다. 트럼프 대통령이 그토록 찬탄해 마지않는 현재의 러시아 정권을 생각해 보라. 블라디미르 푸틴은 제국의회 의사당 화재와 놀랍도록 유사한 사건으로 권좌에 올랐을 뿐만 아니라 이후 일련의 테러 공격 — 진짜 테러와 진짜 테러인지 의심스러운 테러, 그리고 가짜 테러 — 을 경쟁자들을 제거하고 권력을 장악하는 데, 그리고 이웃의 민주주의 국가들을 공격하는 데 이용했다.

1999년 8월, 쇠약해지던 보리스 옐친이 푸틴을 총리로 임명했을 때, 그는 하찮은 지지율을 가진 무명 인사였다.

다음 달 러시아의 여러 도시에서 일련의 건물들이 폭탄 공격을 받았다. 분명히 러시아의 국가 비밀경찰이 저지른 짓이었다. 비밀경찰 간부들이 유죄 증거와 함께 동료들에게 체포되었다. 다른 증거도 있었다. 러시아 의회 의장이 폭탄 공격이 발생하기 며칠 전에 이를 예고했던 것이다. 그럼에도 푸틴은 체첸의 무슬림 인구를 겨냥한 보복 전쟁을 선포하며, 이른바 범인이라는 자들을 추적하여 〈똥통에 빠뜨려 죽이겠다〉고 약속했다.

러시아 국민은 궐기했다. 푸틴의 지지율은 하늘 높은 줄 모르고 치솟았고, 이듬해 3월 푸틴은 대통령 선거에서 이겼다. 2002년, 러시아 보안 부대가 모스크바의 한 극장에서 발생한 진짜 테러리스트들의 공격을 진압하는 과정에서 수십 명의 민간인을 죽인 뒤, 푸틴은 그 사건을 이용하여 민영 텔레비전 방송을 장악했다. 2004년, 베슬란의 한 학교에 테러리스트들이 쳐들어가 인질극을 벌인 뒤(도발을 암시한 이상한 상황에서 벌어졌다), 푸틴은 선출직 지방 장관의 지위를 없애 버렸다. 그렇게 푸틴의 권좌 등극과 두 개의 중요한 제도(민영 텔레비전 방송과 선출직 지방 장관)의 제거는 실제 테러, 가짜 테러, 의심스러운 테러 경영으로 가능했다.

2012년 푸틴이 대통령 직에 복귀한 뒤, 러시아는 외교 정책에 테러 경영을 도입했다. 러시아는 2014년 우크라이나를 침공하면서 정규군 부대를 테러 부대로 전환했다. 군복에서 기장을 제거하고 그들이 초래한 가공할 고통에 대한 모든 책임을 부인했다. 남동부 우크라이나의 돈바스 지역 전투에서 러시아는 체첸 비정규군을 투입했고 무슬림 지역에 주둔한 정규군 부대를 침공에 합류시켰다. 러시아는 또한 2014년 우크라이나 대통령 선거를 망치려 했다(그러나 실패했다).

2015년 4월, ISIS로 가장한 러시아의 해커들이 프랑스의 한 텔레비전 방송국의 송신 시설을 접수한 뒤 프랑스를 테러에 휩싸이게 하려고 만든 자료를 방송으로 내보냈다. 러시아는 프랑스가 이전보다 더 심하게 테러를 두려워하도록 〈사이버 칼리파〉를 구현했다. 필시 유권자들을 러시아의 재정 지원을 받는 극우파 정당 국민전선으로 몰아가는 것이 목적이었을 것이다. 2015년 11월 파리에서 발생한 테러 공격으로 130명이 사망하고 380명이 부상을 당한 뒤, 크렘린과 가까운 어느 싱크 탱크의 창립자는 테러가 유럽을 파시즘과 러시아로 몰아갈 것이라고 기뻐했다. 달리 말하자면 서유럽에서 발생한 거짓 이슬

람 테러와 진짜 이슬람 테러는 둘 다 러시아에 이익이 되는 것으로 여겨졌다.

2016년 초, 러시아는 독일에서 거짓 테러를 공작했다. 러시아는 시리아의 민간인들에게 폭격을 퍼부어 무슬림 난민을 유럽으로 몰아내는 동시에, 드라마를 이용하여 독일인들에게 무슬림이 아이들을 성폭행한다고 가르쳤다. 이번에도 그 목적은 민주주의 체제의 안정을 해치고 극우파 정당들을 장려하는 것으로 보인다.

2015년 9월, 독일 정부는 시리아에서 전쟁을 피해 떠나 온 난민 50만 명을 수용하겠다고 선언했다. 그러자 러시아는 시리아에서 민간인을 겨냥한 폭격을 시작했다. 그렇게 난민을 제공한 데 이어 이야기를 조달했다. 2016년 1월 러시아의 대중 매체는 독일에서 한동안 실종되었던 러시아계 소녀가 무슬림 이주자들로부터 연쇄 성폭행을 당했다는 이야기를 퍼뜨렸다. 독일의 우파 단체들은 의심스러울 정도로 신속하게 반정부 시위를 조직했다. 현지 경찰이 그러한 성폭행은 발생하지 않았다고 발표하자, 러시아 언론은 경찰이 진상을 은폐한다고 비난했다. 심지어 러시아 외교관들까지도 그 쇼에 가담했다.

트럼프 대통령과 그의 국가 안보 담당 보좌관이 러시아

와 힘을 합쳐 테러에 맞서 싸우겠다고 말할 때, 그들은 미국 국민에게 테러 경영을 제안하고 있다. 즉, 민주주의를 무너뜨리기 위해 진짜 테러와 의심스러운 테러, 조작된 테러 공격을 이용하는 것이다. 트럼프 대통령과 블라디미르 푸틴의 첫 번째 전화 통화를 러시아 측은 이렇게 요약했다. 두 사람은 〈국제 테러리즘과 극단주의라는 공통의 적 1호에 맞서 싸우기 위해 힘을 모을 필요가 있다는 데 의견을 같이했다〉.

제국의회 화재 사건이 독재자들에게 주는 교훈은 한순간의 충격이 영원한 복종을 가능하게 한다는 것이다. 그 사건이 우리에게 주는 교훈은 본능적인 공포와 슬픔이 제도를 파괴하도록 해서는 안 된다는 것이다. 용기란 두려워하지 않거나 슬퍼하지 않는 것을 뜻하지 않는다. 용기는 테러 경영을 정확하게 인식하고 그것에 저항하는 것이다. 공격이 시작되는 순간부터, 즉 저항하는 것이 가장 어려워 보이는 바로 그 순간부터 저항해야 한다.

제국의회 의사당 화재 이후, 해나 아렌트는 〈누구든 한낱 방관자로 머물 수 있다는 생각을 나는 더 이상 갖지 않게 되었다〉고 썼다.

19

애국자가 되라

다음 세대에 조국이 무엇을 의미하는지

좋은 선례를 보여라.

그들에게는 모범이 필요하다.

애국심이란 무엇인가? 우선 무엇이 애국심이 아닌지부터 시작하자. 징집을 회피하고 전쟁 영웅과 그 가족을 조롱하는 것은 애국적이지 않다. 자기 회사의 현역 복무자들을 차별하거나 상이군인을 금치산자로 판정하도록 조직적인 운동을 벌이는 것은 애국적이지 않다. 베트남 복무를 회피한 자가 뉴욕에서 섹스 상대를 찾는 행위를 베트남 복무에 빗대는 것은 애국적이지 않다. 납세 기피는, 특히 미국의 평범한 노동자들이 세금을 내는 상황에서, 애국적이지 않다. 세금을 성실히 납부해 온 미국의 평범한 노동자들에게 자신의 대통령 선거 운동 자금을 대라고 요구하고, 게다가 그 기부금을 자신의 회사 일에 전용하는 것은 애국적이지 않다.

외국의 독재자를 찬양하는 것은 애국적이지 않다. 무암마르 카다피와 관계를 갖거나 바샤르 알아사드와 블라디미르 푸틴이 뛰어난 지도자라고 말하는 것은 애국적이지 않다. 러시아에 미국 대통령 선거에 개입하라고 요청하는 것은 애국적이지 않다. 집회에서 러시아의 선전을 인용하는 것은 애국적이지 않다. 러시아 과두 지배자들의 조언자들로부터 조언을 받는 것은 애국적이지 않다. 러시아 에너지 회사의 주식을 소유한 자로부터 외교 정책에 관한 조언을 청하는 것은 애국적이지 않다. 러시아 에너지 회사에서 급여를 받는 사람이 쓴 외교 정책 연설을 발표하는 것은 애국적이지 않다. 러시아의 선전 기관으로부터 돈을 받은 사람을 국가 안보 보좌관으로 임명하는 것은 애국적이지 않다. 러시아 금융계와 관련이 있는 석유 부호로, 러시아-미국 합작 투자 에너지 회사의 이사이자 푸틴으로부터 〈친선 훈장〉을 수여받은 자를 국무장관에 임명하는 것은 애국적이지 않다.

러시아와 미국이 서로 적이어야 한다는 말이 아니다. 요점은 애국심이란 자기 나라에 봉사하는 일과 관련되어 있다는 것이다.

트럼프 대통령은 국가주의자인데, 국가주의자란 애국자와 같은 것이 전혀 아니다. 국가주의자는 우리에게 최악의 존재가 되라고 권장하는 동시에, 우리가 최고라고 말한다. 조지 오웰에 따르면 국가주의자는 〈끝없이 권력과 승리, 패배, 복수에 관해 생각하지만 현실 세계에서 일어나는 일에 무관심한〉 경향이 있다. 국가주의는 상대주의적이다. 유일한 진실은 우리가 다른 이들을 생각할 때 느끼는 분노이기 때문이다. 소설가 다닐로 키시가 말했듯이, 국가주의는 〈미학적으로든 윤리적으로든 아무런 보편적 가치를 갖지 않는다〉.

반면, 애국자는 국민이 그 이상에 따라 살기를 원한다. 우리에게 최선의 존재가 되라고 요구한다는 뜻이다. 애국자라면 현실 세계에 관심을 가져야 한다. 현실 세계는 그의 나라가 사랑받고 유지될 수 있는 유일한 공간이기 때문이다. 애국자는 보편적 가치를, 즉 자신의 나라를 판단하는 기준을 갖는다. 늘 나라가 잘 되기를, 더 나아지기를 바라기 때문이다.

1920년대와 1930년대, 1940년대에 유럽의 민주주의는 실패했다. 오늘날 민주주의는 유럽 대부분의 지역에서뿐만 아니라 전 세계 여러 곳에서 실패하고 있다. 바로 그러한 실패의 역사와 경험은 우리의 미래가 얼마나 암울할 수 있는지를 우리에게 알려 준다. 국가주의자는 〈여기서는 일어날 수 없는 일이야〉라고 말하겠지만, 그것이 바로 재앙으로 가는 첫걸음이다. 애국자는 여기서 그런 일이 일어날 수 있지만 그것을 막겠다고 말한다.

20

최대한 용기를 내라

아무도 자유를 위해

죽을 각오가 되어 있지 않다면,

우리는 모두 폭정 아래서

죽을 것이다.

에필로그

역사와 자유

셰익스피어의 희곡 「햄릿」의 주인공은 사악한 통치자의 갑작스러운 등장에 깊은 충격을 받은 고결한 인물이다. 환영과 악몽에 시달리는, 외롭고 쓸쓸한 그는 시간관념을 바로잡아야 한다고 생각한다. 햄릿은 말한다. 〈시기가 어긋났군. 아, 빌어먹을 팔자. 이를 바로 맞추기 위해 태어나다니.〉▼ 우리 시대는 확실히 혼란스럽다. 우리는 한 가지 이유로 역사를 잊었고, 또 신중하지 못하다면 다른 이유로 역사를 무시할 것이다. 자유에 대한 헌신을 일

▼ 셰익스피어, 박우수 옮김, 『햄릿』(2010, 열린책들), 53쪽.

신하려면 우리의 시간관념을 고쳐야 할 것이다.

최근까지 우리는 미래가 지금과 별다르지 않을 것이라고 확신했다. 일견 먼 옛날 일로 보이는 파시즘과 나치즘, 공산주의의 트라우마는 현재의 우리와 무관하며 영원히 사라지는 것 같았다. 우리는 대범하게도 역사가 한 방향으로, 자유 민주주의를 향해 움직일 수 있다는 필연의 정치학politics of inevitability을 수용했다. 1989~1991년에 동유럽 공산주의가 종식된 뒤, 우리는 〈역사의 종말〉이라는 신화를 받아들였다. 그렇게 함으로써 우리는 방어 태세를 낮추었고, 상상력을 억제했으며, 결코 다시는 되풀이되지 않을 것이라고 자신했던 바로 그 체제들이 되돌아올 길을 열어 놓았다.

과연 필연의 정치학은 얼핏 볼 때는 일종의 역사처럼 보였다. 필연의 정치학을 행하는 정치인들은 과거와 현재, 미래가 있음을 부정하지 않는다. 심지어 그들은 갖가지 다채로운 먼 과거도 인정한다. 그러나 이들은 현재를 단순히 이미 알고 있는 미래, 즉 세계화의 확대와 이성의 심화, 번영의 증대라는 미래를 향한 한 단계로 설명한다. 이것은 이른바 목적론, 즉 대체로 바람직한 특정 목적을 향해 나아가는 시간의 이야기이다. 공산주의도 필연적인 사회주의 유토피아를 약속함으로써 목적론을 제시했다. 사반세기 전에 그 이야기가 박살났을 때, 우리는 그릇된 결론을 내렸다. 목적론을 거부한 것이 아니라 우리의 이야기가 진실이라고 가정했던 것이다.

필연의 정치학은 우리 스스로 자초한 지적 혼수상태다. 공산주의 체제와 자본주의 체제가 경쟁하던 동안에는, 파시즘과 나치즘에 대한 기억이 생생하게 살아 있던 동안에는, 우리는 역사에 주목해야 했고 대안적 미래를 상상할 수 있게 하는 개념들을 간직해야 했다. 그러나 일단 필연의 정치학을 인정한 뒤로 우리는 역사가 타당성을 잃었다고 추정했다. 과거의 모든 것이 이미 알려진 경향에 지배된다면, 그렇다면 세세한 내막을 알 필요는 없다.

필연의 수용은 우리가 21세기 정치에 관해 말하는 방식을 바꾸었다. 정책 토론이 억눌렸고, 각각 현상 유지와 전면적인 부정을 제안하는 정당이 대립하는 구조가 출현하는 경향이 나타났다. 우리는 세상의 기본적인 질서를 대신할 〈대안은 없다〉고 말하는 법을 배웠다. 이러한 태도를 리투아니아의 정치 이론가 레오니다스 돈스키스는 〈유동하는 악liquid evil〉이라고 칭했다. 일단 필연이 인정되자 비판은 신뢰할 수 없는 것이 되었다. 비판적 분석으로 보였던 분석들은 종종 사실상 현상의 변화가 불가능하다는 추정을 내놓았고, 따라서 간접적으로 현상 유지를 강화했다.

일부는 신자유주의를 비판했다. 자유 시장이라는 관념이 어떤 식으로든 다른 모든 관념을 밀어냈다는 인식의 발로였다. 틀린 얘기는 아니다. 그러나 그 말을 사용하는 것 자체가 대체로 불변의 헤게모니 앞에 머리를 조아리며 항복하는 것이었다. 또 다른 비판자들은 파괴disruption의 필요성을 이야기했다. 기술 혁신을 분석할 때 사용하는 용어를 빌려 온 것이다. 정치학에 적용될 때, 파괴는 다음과 같은 함의를 가지게 된다. 그 어떤 것도 진정으로 변할 수는 없으며, 우리를 흥분시키는 혼돈 또한 결국 자기 조절 체계에 흡수되고 말 거라고. 벌거벗은 채 축구장을 가로질러 달리는 사람은 분명히 게임의 규칙을 파괴하지만 그 규칙을 바꾸지는 못한다. 파괴라는 관념은 미숙하다. 십 대 청소년이 만든 난장판을 어른들이 와서 깨끗이 치운다고 가정하기 때문이다.

그러나 어른은 없다. 그 혼란은 우리 몫이다.

과거를 생각하는 두 번째 반역사적 방법은 영원의 정치

학politics of eternity이다. 필연의 정치학처럼, 영원의 정치학도 성격이 좀 다르기는 하지만 역사에 대해 가식적이다. 영원의 정치학은 과거에 관심을 갖지만 자아도취적이며 사실에 진정한 관심을 두지 않는다. 영원의 정치학이 품은 정조는, 실제로는 처참하기 그지없는 시대에 결코 일어난 적이 없는 과거의 순간들에 대한 갈망과 동경이다. 영원의 정치를 행하는 정치인들은 국민의 희생을 기리는 불분명한 기념물들로 가득하고 안개가 자욱하게 드리운 거대한 뜰을 우리에게 과거라고 가져다준다. 그 기념물들은 전부 똑같이 현재에서 멀리 떨어져 있으며, 모두가 똑같이 조작될 수 있다. 과거에 대한 모든 언급에는 어떤 외부의 적이 국민의 순수성을 공격했다는 이야기가 따라 나오는 것 같다.

국가주의적 대중주의자들이 영원의 정치학을 행하는 정치인이다. 그들이 좋아하는 준거점은 민주주의 공화국들이 소멸하고 그 경쟁자였던 나치와 소련을 막을 수 없는 것처럼 보였던 시기, 즉 1930년대이다. 브렉시트, 즉 영국의 유럽 연합 이탈을 옹호한 자들은 결코 존재한 적이 없던 영국 국민 국가를 상상했다. 영국 제국이 있었고, 이후 유럽 연합 회원국인 영국이 있었다. 유럽 연합에서 이탈하려는 움직임은 단단한 땅 위로 물러서는 것이 아니라 미지의 세계로 뛰어드는 것이다. 판사들이 브렉시트에는 의회 표결이 필요하다고 말했을 때, 영국의 어느 타블로이드 신문은 섬뜩하게도 그들을 〈인민의 적〉이라고 불렀다. 1930년대 스탈린주의의 보여 주기 식 재판에서 들었던 말이다. 프랑스의 국민전선은 유권자들에게 전쟁 이전의 상상 속 프랑스 국민 국가의 이름으로 유럽을 거부하라고 촉구한다. 그러나 영국처럼 프랑스도 제국이나 유럽 차원의 기획 밖에서는 존재한 적이 없다. 러시아와 폴란드, 헝가리의 지도자들은 똑같이 1930년대의 강렬한 이미지를 향해 비슷한 태도를 보이고 있다.

트럼프 대통령은 2016년 선거 운동에서 〈미국 우선〉이라는 구호를 썼다. 그것은 미국이 나치 독일에 맞서는 것을 막으려던 위원회의 명칭이었다. 대통령의 전략 고문은 〈1930년대처럼 흥분되는〉 정책을 약속한다. 〈미국을 다시 위대하게 만들자Make America great again〉라는 대통령의 구호에서 〈다시〉는 정확히 언제를 가리키는 걸까? 힌트를 주자면, 우리는 똑같은 〈다시〉를 〈다시 그럴 일은 없을 것이다Never again〉란 말에서 발견하게 된다. 대통령 자신은 1930년대 방식의 체제 변화를 오늘날의 문제들을 해결하는 방법으로 묘사했다. 〈해법이 뭔지 압니까? 경제가 붕괴할 때, 나라가 완전히 절단 나고, 모든 것이 재앙일 때죠.〉 우리에게 필요한 것은 〈우리가 위대했을 때 익숙했던 것으로 되돌아가기 위한 폭동〉이라고 그는 생각한다.

영원의 정치학에서 신화화된 과거가 우리를 유혹할 때 우리는 어떤 미래가 가능한지 좀처럼 생각할 수 없다. 희생만 강조하는 습관은 자기 교정의 욕구를 무디게 한다. 국가가 미래의 잠재력이 아니라 본래부터 갖고 있던 장점으로 규정되기 때문에, 정치는 현실 문제를 해결할 방법을 찾는 논의가 아니라 선악에 관한 논의가 된다. 위기는 늘 있는 것이기에, 비상사태라는 의식도 항상 존재한다. 미래를 위한 계획은 불가능한 것으로, 심지어 반역적인 것으로 여겨진다. 적이 늘 문 앞에 서 있는데 어떻게 개혁을 생각할 수 있겠는가?

필연의 정치학이 일종의 혼수상태 같다면, 영원의 정치학은 최면 상태와 비슷하다. 말하자면 우리는 순환적 신화의 소용돌이를 황홀경에 빠질 때까지 응시한다. 그리고 다른 누군가의 명령에 따라 충격적인 일을 저지른다.

지금 우리는 필연의 정치학에서 영원의 정치학으로, 결

함 많은 순진한 민주주의 공화국에서 혼란스럽고 냉소적인 파시즘 과두 체제로 이행하는 위험에 직면해 있다. 필연의 정치학은 최근의 충격에 끔찍이도 취약하다. 무엇인가 그 신화를 허물면, 세상이 어지러워지면, 우리는 경험을 체계적으로 정리하기 위해 앞 다투어 다른 방도를 찾는다. 최소 저항의 길은 곧장 필연에서 영원으로의 이행과 연결된다. 종국에는 모든 것이 늘 잘 될 것이라고 믿으면, 결국 어떤 것도 잘 되지 않을 것이라고도 설득당할 수 있다. 진보가 필연이라고 생각하기에 아무것도 하지 않았다면, 시간의 고리가 반복된다고 생각하기에 계속해서 아무것도 하지 않을 수 있다.

필연과 영원, 이 두 가지 태도는 전부 반역사적이다. 그 둘 사이에는 오직 역사 그 자체만이 서 있다. 역사 덕분에 우리는 유형을 구분하고 판단을 내릴 수 있다. 역사는 우리에게 자유를 모색할 수 있는 구조를 보여 준다. 역사는 여러 순간을 드러내는데, 각각이 다 다르지만 어느 것도 유일무이하지는 않다. 어느 순간을 이해하는 것은 다른 순간의 공동 창조자가 될 가능성을 보는 것이다. 역사는 우리를 책임지는 존재로 만든다. 모든 것을 책임질 수는 없지만 어느 정도는 책임질 수 있다. 폴란드 시인 체스와프 미워시는 그러한 책임 의식이 고립과 무관심을 깨뜨린다고 보았다. 우리는 역사 속에서 그렇게 고립과 무관심을 깨뜨린, 우리보다 고초를 더 많이 겪은 동지들을 찾을 수 있다.

우리는 필연의 정치학을 포용함으로써 역사 없는 세대를 키웠다. 필연의 약속이 그렇게 명백하게 깨졌으니 역사를 모르는 젊은 세대는 어떻게 반응할 것인가? 그들은 아마도 필연에서 영원으로 서서히 이동할 것이다. 그들이 구세대가 내던진 필연과 영원의 덫을 거부하고 역사적 세대가 될 수 있다는 희망이 분명히 있었다. 한 가지는 확실하다. 젊은이들이 역사를 만드는 데 나서지 않는다면, 영원과 필연의 정치인들이 역사를 파괴할 것이다. 그리고 역사를 만들려면 뭔가 조금이나마 알아야 할 것이다. 이것은 끝이 아니라 시작이다.

〈시기가 어긋났군. 아, 빌어먹을 팔자. 이를 바로 맞추기 위해 태어나다니.〉 햄릿은 그렇게 말했지만 이렇게 결론 내린다. 〈자, 이제 그만 다 같이 들어가세.〉

옮긴이 **조행복** 1966년 경기도 화성에서 태어났다. 서울대학교 대학원 서양사학과를 졸업하고 같은 학과 박사과정을 수료했다. 옮긴 책으로 『독재자들』, 『1차세계대전사』, 『백두산으로 가는 길』, 『재평가』, 『20세기를 생각한다』, 『블랙 어스』, 『전후 유럽 1945~2005』 등이 있다.

폭정

발행일 **2017년 4월 20일 초판 1쇄**
2023년 9월 20일 초판 4쇄

지은이 **티머시 스나이더**
옮긴이 **조행복**
발행인 **홍예빈·홍유진**
발행처 **주식회사 열린책들**

경기도 파주시 문발로 253 파주출판도시
전화 **031-955-4000** 팩스 **031-955-4004**
홈페이지 **www.openbooks.co.kr** 이메일 **humanity@openbooks.co.kr**

ISBN 978-89-329-1829-7 03300

이 도서의 국립중앙도서관 출판예정도서목록(CIP)은 서지정보유통지원시스템 홈페이지(http://seoji.nl.go.kr)와 국가자료공동목록시스템(http://www.nl.go.kr/kolisnet)에서 이용하실 수 있습니다.(CIP제어번호:CIP2017008359)